KB263871

AI시대
우리 아이 진로교육

AI시대 우리 아이 진로교육

내 아이를 위한 미래 설계 가이드

—

2026년 1월 15일 1판 1쇄 인쇄
2026년 1월 20일 1판 1쇄 발행

—

지은이 홍정민
펴낸이 이상훈
펴낸곳 책밥
주소 11901 경기도 구리시 갈매중앙로 190 휴밸나인 A6001호
전화 번호 031-529-6707
팩스 번호 031-571-6702
홈페이지 www.bookisbab.co.kr
등록 2007. 1. 31. 제313-2007-126호

—

기획·진행 권경자
디자인 디자인허브

—

ISBN 979-11-93049-78-5 (03370)
정가 18,000원

책밥은 (주)오렌지페이퍼의 출판 브랜드입니다.

AI시대 우리아이 진로교육

내 아이를 위한 미래 설계 가이드

홍정민 지음

책밥

아이들의 미래는
우리가 가보지 않은 길 위에 있습니다

우리는 이미 알고 있습니다. AI가 세상을 송두리째 바꾸고 있으며, 우리 아이들이 살아갈 세상은 부모세대의 경험과는 완전히 다를 것이라는 것을 말입니다. 하지만 그 변화의 속도가 너무나 빠르고 생소해서 때로는 애써 부정하거나 못 본 체하고 싶어지는 것도 우리의 솔직한 마음입니다.

앞으로 우리 아이들은 부모세대가 겪어보지 못한 새로운 일터와 조직 환경에 놓이게 될 것입니다. 그런데 정작 우리는 어떤가요? 여전히 '공부 열심히 해서 좋은 대학 가면 안정적인 직장이 보장된다'는 우리 세대의 낡은 성공 방정식을 아이들에게 강요하고 있지는 않나요? 기업 현장에서 제가 지켜본 현실은 이미 그 공식이 무너지고 있는데 말입니다.

AI시대, 기업과 일의 지형은 우리의 생각보다 훨씬 빠르게 변화하고 있습니다. 우리가 공들여 가르치는 지식과 직업군이 아이들이 성인이 되었을 때는 이미 사라질지도 모릅니다.

25년 동안 기업의 인사교육 전문가로 활동하며 제가 본 글로벌 기업의 모습은 이미 학벌이 아닌 실질적인 스킬 중심의 사회로 급격하게 재편되고 있습니다. 명문대학 학위보다도 AI와 협력하며 창의적으로 문제를 해결하는 것 또한 매우 중요한 능력으로 대두되고 있는 것입니다.

진로교육의 출발점은 아이들이 사회에 나갈 10~15년 뒤의 변화여야 합니다. 과거에는 세상의 변화가 완만했기에 부모의 경험을 전수하는 것만으로도 충분했습니다. 하지만 지금은 다릅니다. 우리 아이들은 평생 10개 이상의 직업을 갖게 될 가능성이 높고, 소속된 직장 없이 스스로 가치를 창출하는 크리에이터나 여러 직업을 병행하는 N잡러로 살아가게 될 가능성이 매우 높습니다. 정해진 사다리를 오르는 것이 아니라 스스로 길을 만들어가는 경력 격자의 시대를 맞이할 것입니다.

이 책은 글로벌 기업 현장의 변화를 지켜본 전문가로서, 우리 아이들이 마주할 15년 뒤 진짜 일터의 모습과 필요한 핵심역량이 무엇인지에 대해 부모와 함께 나누고 싶어 집필하게 되었습니다. 부모세대의 성공 방식이 더 이상 유효하지 않다는 것을 인정하는 것, 거기서부터 우리 아이들의 새로운 진로교육은 시작될 것입니다.

이 책이 AI시대라는 거대한 변화의 파도 앞에서 불안해하는 부모에게 우리 아이의 진로교육에 몇 가지 인사이트를 제공할 수 있기를 바라는 마음입니다. 더불어 우리 아이들이 스스로의 가치를 발견해 자신의 미래를 당당하게 개척해 나가는 작은 밀알이 되기를 간절히 소망합니다.

책이 세상에 나오기까지 많은 분의 도움이 있었습니다. 먼저 하나님께 감사드립니다. 또한 원고의 처음부터 끝까지 세심한 눈길로 살피며 책의 완성도를 높여준 출판사 편집자 외 관계자 분들에게 진심으로 감사의 인사를 전합니다. 그리고 책의 내용을 부모의 시각에서 검수해준 동반자 아내에게도 깊은 감사를 드립니다.

차   례

제 1 장

Artificial Intelligence

변화는 시작되었다.
우리는 어디로
가고 있는가

AI의 등장, 일자리는 어떻게 바뀌고 있는가

AI가 바꾸는 일자리 지형

"AI가 이런 것도 할 수 있어!"
"와! 대단한데, 그럼 이제 인간이 할 일은 점점 더 없어지겠는데…"

AI시대를 살아가는 요즘 주변에서 심심치 않게 들리는 대화입니다. AI는 우리에게 놀라움과 두려움을 동시에 전하고 있습니다. 불과 몇 년 전만 해도 먼 미래의 기술처럼 느껴졌던 AI가 지금은 우리 일상에 너무나 친숙하게 스며들었습니다. 아이들이 좋아하는 유튜브 추천 알고리즘부터 스마트폰의 음성 비서 등과 같이 AI는 많은 분야에서 자연스럽게 우리 일상에 침투해 있습니다.

일자리에도 AI의 영향력은 가파르게 증가하고 있습니다. 디지털 금융 확산으로 직접 방문하지 않고도 계좌 개설, 상품 가입, 계좌 이체 등 은행 업무의 80% 이상이 비대면으로 가능해지면서 은행원들의 업무는 새로운 변화를 맞고 있습니다. 매표소 또한 자동화 기기와 무인 판매대 증가로 인해 지하철, 버스터미널 등에서 자주 만나게 되던 직원의 수가 급감하고 있고, 유통업계는 무인 마트와 무인 편의점 등의 등장과 확장으로 고용 인원 위축 우려를 맞고 있습니다. 단순 사무직 역시 AI의 자동화 영역에 빠르게 포함되고 있으며, 텔레마케터 상담 직종은 AI 챗봇 서비스의 확산으로 급속도로 감소하고 있습니다. 세계적인 컨설팅 회사 맥킨지앤컴퍼니(McKinsey & Company)는 향후 10년 내 전체 직무 과업의 40%가 자동화될 수 있다고 예측합니다.

2025년 세계경제포럼(World Economic Forum, WEF)에서 발표한 직업의 미래에 대한 보고서에 따르면 2030년까지 1억 7,000만 개의 일자리가 새로 생기고 9,200만 개의 일자리가 사라진다고 합니다. 사라지고 창출되는 일자리는 전체 일자리의 22%를 차지합니다. 이를 풀어 설명하면 100명 중 22명은 5년 뒤 지금의 일자리를 잃거나 아니면 현재 존재하지 않는 일자리에서 근무하고 있을 가능성이 높다는 의미입니다. 일자리가 지속적으로 변화할 것이라는 부분도 함께 보여준다고 할 수 있겠죠.

이런 변화 속에서 직장인들은 AI에 대한 두려움을 가질 수밖에 없습니다. 2023년 글로벌 컨설팅 회사 EY(Ernst & Young)의 리서치 결과, 조사

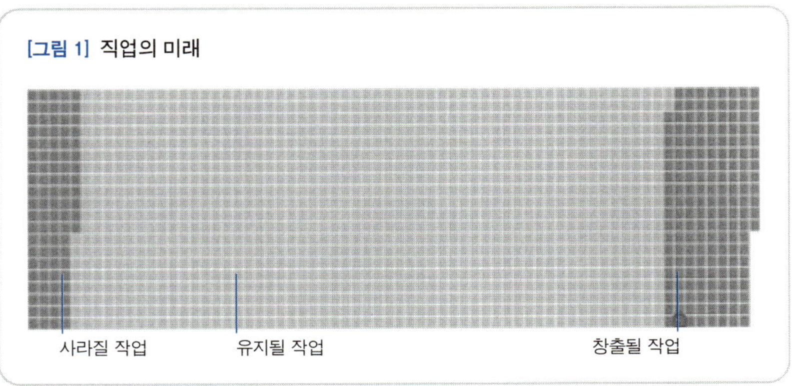

출처: World Economic Forum, 〈2025 미래 직업 보고서(The Future of Jobs Report 2025)〉

대상자 중 75%는 AI로 인해 자신의 일이 사라지는 것은 아닐까 걱정하고 있으며, 65%는 자신의 일이 AI로 대체될 것이라 두려워하고 있다고 발표합니다.

변화는 더욱 빨라질 것입니다. 우리가 지금 만나고 있는 AI는 앞으로 나오게 될 AI의 가장 기초적인 수준일 겁니다. AI는 지금 이 순간에도 엄청난 속도로 발전하고 있으니까요.

AI시대 우리 아이들의 진로는?

그런데 여기서 중요한 질문이 하나 있습니다. "AI가 이토록 빠르게 세상을 바꾸고 있는데, 그럼 우리 아이들은 어떤 일을 하며 살아가게 될까요?” 지금의 아이들이 성인이 되는 10년 후, 20년 후의 세상은 지금 보다 훨씬 더 빠르게 변화할 것이라는 것은 당연하겠죠.

세계경제포럼에서는 지금 초등학교에 입학하는 아이들 중 65%는 현재 존재하지 않는 직업을 갖게 될 것이라고 예측했습니다. 현존하는 직업을 위해 노력하고 공부한다면 그 노력이 물거품될 가능성이 높다는 얘기죠. 세계적인 석학 앨빈 토플러(Alvin Toffler)는 우리나라 아이들을 보고 안타까워하며 인터뷰한 적이 있습니다.

“한국의 많은 아이는 미래에 있지도 않을 지식과 존재하지도 않을 직업을 갖기 위해 하루에 15시간씩 학교와 학원에서 시간을 보내고 있습니다.”

우리나라의 많은 학생들이 미래에는 그 의미가 사라질 것들에 시간과 노력을 투자하고 있다고 말합니다.

‘공부해서 좋은 대학 가면 안정적인 직장에 간다’는 말은 어른 세대들의 성공 공식이었습니다. 초근에는 이런 공식들이 무너지고 있습니다. 야구나 축구선수를 예로 들면, 과거에는 좋은 대학을 졸업하는 것이 선수생활을 위해 필수인 시대가 있었죠. 하지만 지금, 실력이 뛰어난 선수들은 대학을 거치지 않고 바로 프로 팀에 입단하는 것을 선호합니다. 학력이나 직장으로 자신을 대변하던 시대는 저물어가고 있다는 것을 보여주는 사례죠. 실질적인 실력과 능력을 보다 중시하고 이를 입증하는 방법도 인터넷과 SNS 등 다양해지고 있습니다.

미국의 대규모 데이터 분석·운영 지원 소프트웨어 제공 기업 팔란티어 테크놀로지스(Palantir Technologies)는 2025년 고등학교 졸업자를 대상으로 한 실력주의 펠로십 프로그램을 도입했습니다. 대학에 진학하지 않은 청년들에게 4개월간 실무 프로젝트에 참여할 기회를 주고 월 5,400달러의 급여를 지급할 뿐만 아니라 성과에 따라 정규직 전환의 기회를 제공합니다. '대학에서 시간과 돈을 낭비하지 말고, 대신 팔란티어에서 실력을 증명하라'는 문구는 실질적 역량의 중요성을 단적으로 보여줍니다.

팔란티어가 학위를 배제한 이유는 뚜렷합니다. 이 회사는 전공 지식보다 실제로 문제를 해결하고, 논리적으로 사고하는 창의적 역량, 그리고 현장 적응력을 더욱 중요하게 평가합니다.

캐나다 전자상거래 기업 쇼피파이(Shopify)는 'AI가 대체할 수 없는 역량이 있어야 뽑겠다. AI가 할 수 있는 업무는 AI에게 맡긴다'라고 말합니다. 이는 채용기준이 단순히 전공, 직무 숙련도, 학위에서 끝나지 않는다는 의미입니다. 지금은 지원자가 어떻게 하면 AI로 절대 대체되지 않을 가치와 창의성을 보여줄 수 있는가를 증명해야 하는 시대임을 상징합니다.

실제로 미국 빅테크 기업과 실리콘밸리에서는 'AI에 의해 자동화되지 않을 일'을 할 수 있는 사람만 생존한다는 인식이 빠르게 확산되고 있습니다. 기업들은 '지식의 암기, 단순 정답 찾기'가 아닌 문제 정의력, 새로운 해결법 제시, 다양한 의견 조율 등 인간만이 해낼 수 있는 역량을 중요시합니다.

우리 아이들이 살아갈 미래는 지금보다 훨씬 빠르고 복잡해질 것입니다. 때문에 과거 부모세대들이 갖고 있던 성공 공식을 강요하기보다는 보다 유연하고 확장성 있게 아이들의 진로를 함께 고민하는 인식이 필요합니다.

부모세대의 진로 이동 방식이 더 이상 유용하지 않다는 부분에서 출발해야 합니다. 하루가 다르게 직업과 일자리가 변하는 세상에서 미래를 예측하고 이에 맞는 준비가 필요한 것입니다.

두려움 vs 기회

과거 일자리에 있어 새로운 기술은 두려움의 대상이었습니다. 사실 이러한 변화는 인류 역사에서 처음 겪는 일이 아닙니다. 오래전에는 농사를 짓던 사람들이 대부분이었지만 증기기관이 발명되고 공장이 들어서면서 사람들은 공장으로 옮겨갔습니다. 그때도 농부의 일자리가 사라진다며 걱정했지만, 공장에서 제품을 생산하는 새로운 일자리가 생겨나면서 세상은 또 다른 모습으로 변화했습니다.

- 1982년 〈타임〉, '컴퓨터가 사무직 근로자를 대체할 것인가?'
- 1995년 〈비즈니스위크〉, '인터넷 붐: 일자리를 만드는가, 없애는가?'
- 1999년 〈월스트리트저널〉, '기술 일자리 해외 이전: 당신의 커리어는 위험한가?'
- 2002년 〈워싱턴포스트〉, '아마존 효과: 소매업 일자리 감소'

위 내용은 새로운 기술이 등장할 때마다 내걸린 신문기사 제목들입니다. 새로운 기술은 일자리에 있어 두려움의 대상이었습니다. 하지만 이는 일자리를 감소시키기도 했지만 새로운 일자리를 창출하기도 했습니다. 미국의 일자리만 놓고 보면 1980년대 퍼스널 컴퓨터(PC)의 등장으로 450만 개의 일자리가 감소했지만, 1990년대 인터넷과 휴대전화의 보급으로 700만 개의 일자리가 순수하게 증가합니다. 또한 기술의 해외 이전으로 300만 개의 일자리가 감소했지만 2000년대 들어서는 이커머스 시장의 확대로 300만 개의 일자리가 증가했습니다.

새로운 기술은 두려움으로 다가왔지만 이는 새로운 기회로도 작용했다는 것을 확인할 수 있는 통계입니다. AI가 가져올 변화는 이미 시작됐고 앞으로 그 속도는 더욱 빨라질 것입니다. 하지만 이 변화는 두려움이 아니라 새로운 기회이기도 합니다.

AI시대도 마찬가지입니다. 당장은 익숙한 일자리가 줄어드는 것 같아 불안할 수 있지만, 미래에 우리 아이들이 지금은 상상도 못할 새로운 직업을 갖게 될 수도 있습니다. 예를 들어 20년 전만 해도 유튜버(크리에이터)라는 직업은 없었습니다. 그런데 지금은 초등학생의 장래희망 중 유튜버가 항상 최상위권에 올라와 있습니다.

변화는 늘 두려움을 동반하지간 그 변화 속에서 기회를 찾는 것이 무엇보다 중요합니다. 아이들의 진로를 바라보는 관점도 동일합니다. 두려움보다는 기회에 집중하는 자세가 필요합니다.

인간 vs AI의 일자리 전쟁, 경쟁인가 협력인가

인류와 기술의 일자리 경쟁

기술과 사람의 일자리 경쟁은 산업화 이후 지속되어 왔습니다. 18세기 영국에서는 공장에서 숙련공들이 분업화하여 규격화된 제품을 대량생산하는 산업이 발달했죠. 공장제 수공업이라 불리는 이 산업은 증기기관의 발명과 더불어 몰락하기 시작했습니다. 공장주들은 숙련공들에게 월급을 주는 것보다 기계를 구입하고 비숙련공을 고용하는 것이 훨씬 이익이었기 때문입니다. 기술의 발달에 따라 숙련공들의 자리는 점점 사라지고 참을성을 잃은 노동자들은 비밀결사대를 만들어 밤이 되면 기계를 부수거나 불태워버렸습니다. 이는 다른 지역으로까지 번졌고 하나의 큰 사회적 운동이 되었죠. 이것이 바로 러다이트(Luddite) 운동입니다.

디지털 기술의 발달로 또다시 급격한 변화 속에서 네오 러다이트(Neo Ludite) 운동이라는 신조어가 생겨나고 있습니다. 네오 러다이트 운동은 빅데이터, AI, 사물인터넷(IoT) 등 4차 산업혁명으로 인해 새로운 기술이 기존 일자리를 대체할지도 모른다는 공포심에 혁신을 반대하는 현상을 이릅니다.

러다이트 운동은 인간과 기계의 일자리 전쟁의 출발이라 해도 과언이 아닙니다. 산업화 이후 우리는 지속적으로 기술 또는 기계와 일자리 전쟁을 치러왔습니다. 기술의 발달은 기존 일자리의 몰락고 새로운 산업의 형성이라는 큰 변화의 물결을 만들었습니다. 더불어 이런 물결 속에서 기계와 인간의 일자리 전쟁은 항상 기계가 승리하는 방향으로 흘러갔습니다.

농업의 사례를 한번 살펴볼까요? 1900년대 농기계의 등장과 함께 농업에서의 일자리는 급격하게 줄어들었습니다. 경제학자 대니얼 서스킨드(Daniel Susskind)는 자신의 책《노동의 시대는 끝났다(A World Without Work)》에서 1861년부터 150년 동안 영국 농업은 급성장했다고 강조합니다. 오늘날 영국 농업은 1861년에 비해 4배나 높은 생산성을 보여주고 있습니다. 하지만 그에 필요한 인력은 320만 명에서 38단 명으로 거의 10배 가까이 줄었다고 설명하면서 말이죠. 기계화로 인해 농업은 1/10의 인력으로 4배 가까운 생산성을 보여주는 산업으로 발전한 것입니다.

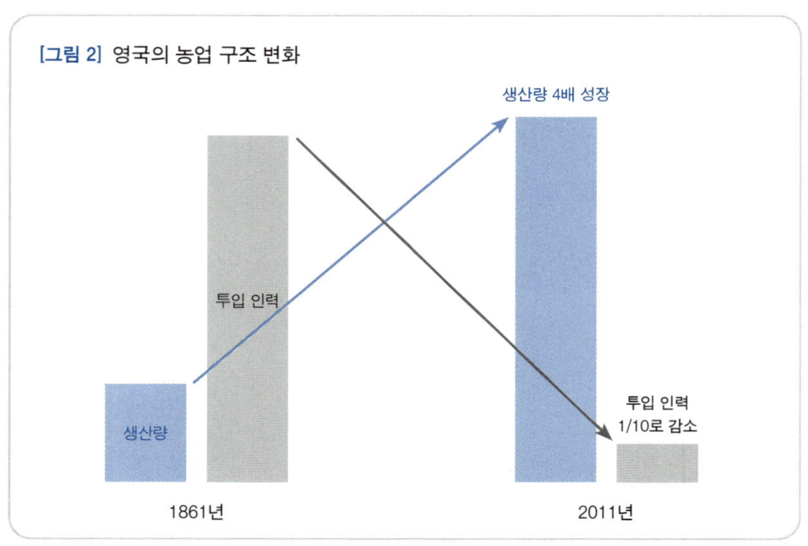

출처: 대니얼 서스킨드 지음, 김정아 옮김, 《노동의 시대는 끝났다》, 와이즈베리, 2020.

농업에서 일자리를 잃은 사람들은 제조업으로 이동했습니다. 대니얼 서스킨드는 영국 제조업에 대해서도 설명하고 있습니다. 1948년에 비해 영국 제조업의 생산량은 150% 증가했지만 노동자 수는 60% 줄었다고 말이죠. 농업과 제조업에서 일자리를 잃은 사람들은 서비스업으로 이동합니다. 하지만 첨단 기술의 등장은 서비스업에서조차 사람들을 밀어내고 있습니다. 무인 카페, 무인 편의점의 등장에서 보듯이 이제 서비스업도 기계와의 경쟁에서 안전한 곳이 아닙니다. 한 가지 예를 더 들어보면 10년 전만 하더라도 빌딩에는 주차 정산요원이라는 일자리가 있었습니다. 빌딩에 주차하고 나갈 때면 정산요원들이 주차요금을 정산해주었죠. 하지만 지금은 어떤가요? 대부분의 빌딩은 자동화 시스템을 도입해 더 이상 주차 정산요원을 필요로 하지 않게 되었습니다. 기술의 발달은 사람의 영역을 계속 변화시켰고, 사람들은 그 변화에 적응하면서 새로운 영역의 일자리로 이동했던 것입니다.

AI와의 일자리 경쟁?

"AI가 다 해버리면 앞으로 우리는 뭘 해야 하죠?" 최근 강연이나 사람들과의 대화에서 자주 듣는 질문입니다. 질문하는 이들 스스로 경력에 대한 고민과 함께 아이의 미래를 생각하면 AI와 같은 기술이 '사람의 역할'을 완전히 대체할지도 모른다는 두려움이 더 크게 다가오는 것이죠.

하지만 정말 그럴까요? 사람과 기계와의 일자리 경쟁 속에서 사람들은 항상 새로운 역할을 찾아왔습니다. 그렇다면 AI시대 사람의 역할은 어떤 것일까요?

모라벡의 역설(Moravec's paradcx)이라는 말이 있습니다. AI가 잘하는 것은 사람이 힘들어하고 사람이 잘하는 부분은 AI가 힘들어하죠. 예를 들어 복잡한 수학문제는 사람들이 어려워하지만 AI는 쉽게 해결합니다. 반대로 감정을 느끼는 부분은 사람들에게는 자연스럽지만 AI에게는 어려운 부분입니다. 각자 잘하는 영역이 명확하게 있다는 것이죠. 즉 인간과 AI의 협력은 반드시 필요하다는 의미입니다.

AI는 정해진 규칙 속에서 반복되는 업무, 데이터 분석과 예측, 패턴 인식에 굉장히 뛰어난 능력을 보여줍니다. 반면 인간은 공감, 창의력, 도덕적 판단, 복합적인 사고, 관계 형성과 같은 정서적, 사회적 능력에서 여전히 우위에 있는 것이 사실입니다.

산업화 이후 기계가 잘하는 영역은 기계에게 맡기고 사람은 그들이 잘하는 영역으로 자연스럽게 업무 변화가 이루어졌습니다. AI의 등장 또한 AI가 잘하는 영역은 AI에 맡기고 사람의 업무 변화는 사람만의 영역으로 이동해갈 것입니다.

AI와 인간의 협력

AI시대를 맞아 인간의 일은 새로운 영역으로 이동하게 될 것입니다. AI와 인간의 협력관계를 보여주는 사례 몇 가지를 살펴보겠습니다.

AI 기반의 수학 학원인 큐비나 아카데미(Qubena Academy)는 실리콘밸리의 IT 전문가 진노 겐키(Jinno Genki)가 일본으로 돌아와 만든 학원입니다. 이 학원의 수업시간에는 선생님이 등장하지 않습니다. 학생들은 태블릿 PC 기반으로 1:1 맞춤형 학습을 진행하고 선생님은 단지 모니터링만 할 뿐입니다. 학생들은 학원에 등원하면 자신에게 맞는 문제를 풀고 이를 태블릿 PC에 적도록 하는데, 이 풀이 과정을 AI가 그대로 읽어 학습자의 현재 수준을 진단하게 됩니다. 그리고 이 진단을 바탕으로 학습자의 성장 단계에 맞춰 다음 문제를 풀도록 하는 방식으로 진행되는 것이 특징입니다.

얼핏 보면 이 학원은 선생님이 필요 없어 보입니다. 하지만 진노 겐키 원장은 코치라 불리는 선생님을 별도로 두고, 2회 면담 원칙을 정해 등하원 시 반드시 코치와 면담을 진행하도록 하고 있습니다. 그는 가르치고 기억하게 하는 일은 AI가 더 잘하지만, 그 외에 더 중요한 역할을 코치에게 부여하고 있습니다. 아이들은 반드시 코치 1명과 함께합니다. 코치는 아이들에게 학습목표를 부여하고 목표 달성 방법을 제시해 줄 뿐만 아니라 학습에 방해되는 것들을 제거하는 역할을 합니다.

일본 학습지도 요강에 따르면 중학교 1학년 수학 수업시간은 140시간으로 정해져 있습니다. 학원에 다니고 숙제를 하는 시간이 60시간 정도라면 1년에 약 200시간을 수학에 할애해야 하는 것이죠. 하지만 큐비나는 평균 학원 공부 24시간에, 숙제하는 데 8시간이 걸립니다. 즉 32시간이면 중학교 1학년 수학을 마스터하게 해준다는 것입니다. 기존 방식과 비교해 7배 정도 빠르게 학습할 수 있는 것이죠. 또한 이 학원에서 공부한 학생의 80%가 성적이 향상되었다고 말합니다.

큐비나 아카데미는 AI와 학습자 사이에 최적의 조합을 만들어 효과적이고 효율적인 학습방식을 만들어 내고 있습니다. 또한 수학이라는 어려운 과목을 1:1 맞춤형으로 진행하기 때문에 낙오되는 아이들 없이 학습을 이어갈 수 있습니다. 결과적으로 큐비나 아카데미는 AI와 사람이 어떻게 협업해야 하는지를 잘 보여주는 사례라 할 수 있습니다.

한 가지 예를 더 살펴보면, 스웨덴 핀테크 기업 클라르나(Klarna)의 경우 2024년까지 고객지원 팀에 700명의 인력이 필요했습니다. 반복적인 문의 규모 급증으로 처리 시간이 길어지는 문제가 발생했던 것입니다. 이에 클라르나는 AI 어시스턴트를 도입해 단순 문의를 자동 처리하는 방식으로 고객서비스 업무를 재편합니다. AI는 고객 문의를 분류해 자동으로 응답하고, 사람이 판단해야 할 복잡한 사안만 사람에게 선별적으로 맡긴 것입니다. 더불어 기존 구성원들을 AI 모니터링, 분석, 고난도 상담 중심으로 재배치했습니다. 결과는 성공적이었습니다. 많은 인력의 직무 만족도가 상승했고 응답 속도와 처리 효율 또한 대폭 향상된 것이죠. 기존 인력은 단순 상담에서 전문 상담 및 고객 관계 강화 업무로 보다 전문적인 업무를 수행하게 되었습니다.

AI는 단순 반복 업무를 대체하고 사람은 더 전략적, 전문적 역할을 수행하도록 직무를 재설계하는 데 있어 핵심적인 역할을 합니다. 조직의 효율성과 업무 만족도 상승을 동시에 달성할 수 있는 구조로 전환할 수 있는 것이죠. AI 도입은 단순한 인력 감축이 아니라 사람의 실제 업무 범위와 성격을 의미 있게 전환하는 기회가 될 수 있음을 보여준 사례입니다.

AI의 등장으로 기업들은 업무의 재구조화를 추진하고 있습니다. 기존에 사람들이 처리하던 업무를 잘게 나눠 AI와 인간의 업무 구조로 나누는 재구조화를 빠르게 시행하고 있습니다.

AI와 공존하기 위해 꼭 알아야 할 것

그렇다면 AI와 공존하기 위해서 인간은 어떤 부분을 알아야 할까요? 여기에서는 세 가지 정도로 나눠 설명할 수 있습니다.

우선, AI는 직무 자체를 대체하는 것이 아니라는 점입니다. AI가 교사, 의사, 소방관 등의 직무 전체를 대체하는 경우는 매우 드뭅니다. AI는 직무가 아닌 직무를 구성하는 최소 단위인 과업(Task)을 중심으로 대체합니다. 상담 업무, 문서 기초 자료 조사, 기초적인 프로그래밍 등 과업 단위로 대체한다는 의미입니다. 따라서 직업의 미래나 진로를 평가할 때 '어떤 직업이 AI로 대체될까?'에 대해 생각하는 것보다 '어떤 직업이 AI로 대체되는 과업이 많은가?' 또는 '어떤 진로가 AI로 대체되지 못하는 과업이 많은가?'로 평가해볼 필요가 있습니다.

둘째, AI가 할 수 있는 일이라고 해서 사람이 몰라도 되는 것은 절대 아닙니다. 일을 이해하고 잘 알수록 AI를 제대로 활용할 수 있을 뿐만 아니라 잘 통제하고 관리할 수 있습니다. AI를 활용해 업무를 수행하더라도 업무의 본질이나 프로세스 등은 제대로 이해해야 합니다. AI를 잘 활용하는 사람들은 업무에 대한 이해도가 높고 해당 분야에 전문성이 있는 사람들입니다. 조직에서 일을 잘하는 리더들은 조직 전반에 대한 업무를 이해하고 구성원들을 적재 적소에 배치하는 사람들입니다. 마찬가지로 AI를 잘 활용하기 위해서는 우선 업무 전반에 대한 이해를 가지고 AI가 잘할 수 있는 일을 배치하는 것이 중요합니다. 업무에 대한 지식과 이해 없이 무턱대고 AI를 활용하게 되면 AI에 끌려다니거나 AI에서 발생하는 오류나 편견들을 발견하지 못하게 됩니다.

셋째, AI는 경쟁이 아닌 공존의 대상임을 기억해야 합니다. AI는 앞으로 우리와 함께 살아갈 것입니다. 우리가 지금 경험하고 있는 AI는 앞으로 만나게 될 AI에 비해 아주 기초적인 수준일 것입니다. 인터넷과 모바일이 그렇듯 AI는 우리 삶의 일부가 될 것입니다. 따라서 AI를 경쟁관계로 보기보다는 함께 공존하며 보완하는 역할의 관점에서 바라봐야 할 것입니다.

기업의 채용기준은 대학 학위가 아니라 스킬이다

스펙보다는 실력, 학위보다는 스킬

"아이 성적은 괜찮은데, 대학을 어디로 보내야 할지 너무 고민돼요."

"좋은 학과, 좋은 대학만 가면 안정적인 직장, 괜찮은 삶이 보장되지 않나요?"

많은 부모가 여전히 자녀교육에서 대학, 학과, 학벌을 가장 중요한 기준으로 삼고 있습니다. 하지만 이제 기업 현장을 중심으로 그 기준이 바뀌고 있습니다. 전 세계 수많은 기업들이 이제는 학위보다 스킬(능력)을 중요하게 보고 있다는 점, 알고 있나요?

우리는 흔히 좋은 학교, 좋은 학과, 좋은 성적을 스펙이라 부르며, 그

것이 미래를 결정한다고 믿어왔습니다. 그런데 지금은 스펙보다 실력, 그 실력을 구성하는 스킬이 훨씬 중요한 시대가 되었습니다. 기업은 이제 어떤 학교를 졸업했는지보다 어떤 일을 할 수 있는지를 더 중요하게 보기 때문입니다.

비즈니스와 고용 중심의 소셜 미디어 플랫폼 링크드인(Linked in)에서 발표한 〈미래의 스킬 기반 채용(Skills based Hiring in the future)〉 보고서에서는 2023년 링크드인 채용공고 중 29%가 학위를 요구하지 않는다고 말하고 있습니다. 이는 2020년의 20%와 비교해 3년 사이 눈에 띄는 변화를 보이고 있는 부분입니다. 그렇다면 기업에서 학위 대신 요구하는 것은 무엇일까요? 바로 스킬입니다. 기업들은 과거의 능력인 학위 대신 현재의 실력과 능력인 스킬을 중시하고 있습니다.

글로벌 기업이 주목하는 스킬이란?

직업의 위계 구조는 보통 직업(Job) → 역할(Role) → 역량 또는 능력(Capabilites or Competency) → 스킬(Skills)로 구분할 수 있습니다. 예를 들어 프로젝트 매니저라는 직업 아래에는 프로젝트 리딩이라는 역할이 있고, 이를 다시 여러 가지 역량으로 세분화하면 그중 하나가 프로젝트 관리 역량일 것입니다. 그리고 프로젝트 관리 역량을 다시 스킬로 쪼개면 회의 운영, 위험 관리, 프로젝트 트래킹 등으로 나눌 수 있죠. 조금 더 쉬운 예를 들면, 직업이 축구선수라면 역할은 주장일 수 있

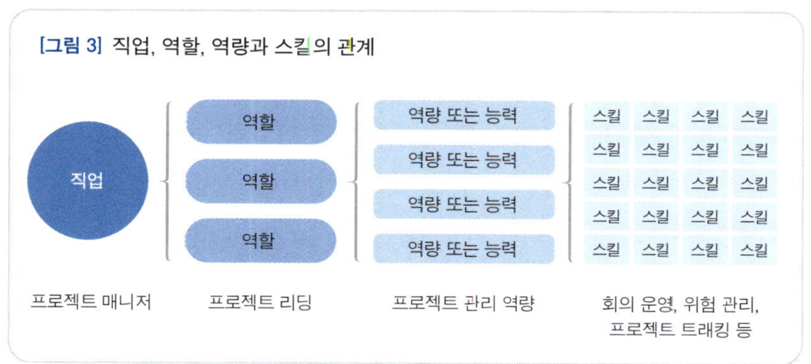

출처: Joshbersin.com

고 역량으로는 리더십이 필요할 수 있습니다. 이를 스킬로 다시 나누면 경청 스킬, 상담 스킬, 지시 및 전달 스킬 등이 필요할 수 있는 것이죠.

지금까지 기업과 같은 조직은 직업과 역할 중심의 인재관리를 해왔습니다. 하지만 최근의 급격한 비즈니스 환경 변화는 직업과 역할 중심의 인재관리에 한계를 드러내고 있습니다. 빠른 변화는 브다 작은 역량 또는 능력 단위를 필요로 하게 만들었고, 역량이란 단위를 넘어 보다 작은 스킬 단위의 인재관리를 요구하고 있습니다. 이는 그동안의 직무와 역할 중심의 인재관리가 지금의 변화를 따라가지 못하고 있기 때문입니다.

2023년 발표한 링크드인의 즈사에 의하면 직장인들이 보유하고 있는 스킬들의 집합, 즉 스킬 셋은 2015년부터 2023년까지 8년 동안 약 25%

가 바뀌었다고 말합니다. 직장인 스킬 1/4가량이 바뀐 것이죠. 과거에는 줌(Zoom)이나 챗GPT, 메타버스 등을 활용하는 스킬이 없었지만 이제는 그러한 스킬을 가지고 있는 것처럼 말입니다. 기술과 사회환경 변화에 따라서 우리들의 스킬 구성이 바뀌고 있는 것이죠. 여기서 한발 더 나아가 2027년까지 추가로 25%의 스킬 셋에 변화가 있을 것이라고 링크드인은 말합니다.

그렇다면 지금 우리는 어떤 시대를 살아가는 것일까요? 링크드인의 말처럼 12년 동안 우리의 스킬 절반가량은 지속적으로 바꾸면서 살아야하는 시대인 것이죠. 그리고 이 12년이라는 기간은 점점 더 짧아지고 있는 것이 현실입니다.

기업과 조직이 스킬에 주목하는 첫 번째 이유는 바로 빠른 비즈니스 환경 변화에 있습니다. 과거와 같은 조직 운영으로는 어제와 오늘이 다른 급변하는 환경에 대응하기 힘들기 때문입니다.

환경 변화가 심하지 않았을 때는 조직이 해야 하는 업무 영역도 크게 변하지 않았습니다. 따라서 기업과 조직은 해야 할 일을 분업화해 직무와 역할로 나눠 분배하는 것이 조직 운영의 기본적인 원리였습니다. 하지만 최근의 엄청난 변화 속도는 조직과 기업이 해야 할 과업의 영역도 바꾸고 있습니다. 하루가 다르게 새로운 과업이 생기고 과거에 중요했던 과업이 역사 속으로 사라지곤 합니다. 이러한 변화는 조직과 기업이

해야 할 일들을 그동안 우리가 생각하지 못했던 모양으로 변화시키고 있습니다. 시시각각 급변하는 시대에 지금의 직무와 역할 중심으로 대응하기에는 그 단위가 너무 큰 것이 사실입니다.

이렇게 빠르게 변화하는 환경 하에서는 직무보다 작은 단위인 스킬에 주목하고 있는 것입니다. 스킬 기반의 조직 운영은 빠르게 변화하는 영역들을 보다 작은 단위로 채워가며 과업 수행을 진행할 수 있습니다.

글로벌 컨설팅 기업 머서(Mercer)의 〈2023 세계 인재 동향(Global Talent Trends 2023)〉에 의하면, 90% 이상의 HR 리더가 스킬 기반 접근이 기업의 경쟁력을 높이는 핵심전략이라고 답했습니다. 이는 이제 학력이나 이력보다 '무엇을 할 수 있느냐'가 인재관리의 기준이 되고 있다는 것을 의미합니다.

세계경제포럼의 〈2025 미래 직업 보고서(The Future of Jobs Report 2025)〉에 의하면, 기업의 69%가 직무 설명서를 스킬 중심으로 재작성하고 있으며, 이는 기술 변화 속도에 맞춰 조직이 직무 중심 구조에서 스킬 중심 구조로 빠르게 이동하고 있음을 보여줍니다. AI시대 스킬은 기업과 조직을 운영하는 글로벌 표준이 되고 있습니다.

학위에서 스킬로 바뀌는 채용기준

2023년 EBS 〈다큐멘터리K〉에서는 '대학혁신'이라는 주제를 바탕으로 5부작 프로그램을 방영했습니다. 해당 다큐멘터리에 국내 유수의 IT 서비스 업체 인사담당자가 출연해 이런 말을 합니다. "우리가 사람을 볼 때 가장 먼저 보는 것은 직무 역량입니다." 그리고 학위에 대해서는 이렇게 얘기합니다. "학위를 보긴 봅니다. 하지만 참고사항 정도로 봅니다." 이 기업은 면접에 있어 학위는 단순히 참고사항일 뿐이라고 말합니다. 그리고 직무경험과 직무역량을 우선시하며 심층면접을 통해 이를 확인합니다. 즉 학위보다는 현재 보유하고 있는 개인의 스킬을 중심으로 채용이 이루어지는 것이죠.

출처: http://www.aihr.com/blog/skills-taxonomy

그렇다면 직무 중심 채용과 스킬 중심 채용은 무엇이 다를까요? 스킬 중심 채용은 채용공고부터 매우 구체적입니다.

직무 중심의 채용공고는 일반적으로 직무 하나만 등장합니다. 예를 들어 소프트웨어 엔지니어를 뽑는다면 '4년제 학위, 석사 우대, 5년차 이상, 자격증 보유 우대'라는 형식으로 과거 중심의 경력을 기재하라는 요구가 많죠. 그런데 스킬 중심의 채용은 현재의 능력을 중시합니다. 코딩의 경우 '파이썬 최상위 레벨, 자바스크립트 상위 레벨, CSS 중간 레벨' 등으로 현재 가능한 능력들을 구체적으로 요구하는 채용공고로 인재를 선발합니다.

스킬 중심의 채용은 직무 중심의 채용보다 업무 성과와 연계성이 5배 높다고 말합니다. 기업들은 성과를 중시하기 때문에 스킬 중심의 채용을 하지 않을 이유가 없을 것입니다.

세계적인 테크 기업 구글(Google), IBM, 마이크로소프트(Microsoft), 애플(Apple)은 이미 무학위 채용을 선언한 바 있습니다. 구글 인사 책임자였던 라즐로 복(Laszlo Bock)은 "성공적인 직무 수행을 예측하는 데 있어 학위는 유의미하지 않다. 우리는 이제 특정 대학 출신이 아니라 특정 스킬을 가진 사람을 찾고 있다"라고 말하기도 했습니다.

IBM은 인재를 뽑을 때 '적절한 경험과 직무에 필요한 기술을 갖췄는가'

를 가장 중요한 채용기준으로 삼고 있으며, 전체 채용의 절반 이상은 학위가 필요 없는 스킬 기반 채용으로 구성되어 있습니다. 애플 역시 "우리에게 필요한 것은 특정 전공자가 아니라 문제를 해결할 수 있는 사람"이라고 말합니다. 세계경제포럼의 〈2025 미래 직업 보고서〉에서도 '앞으로 가장 중요한 능력은 학력이 아니라 업무 수행 역량, 즉 스킬'이라고 강조하고 있습니다. 이른바 '스킬 기반 사회(Skills-Based Society)'로의 전환이 본격화되고 있는 것이죠.

스킬 중심 채용은 전 세계적으로 빠르게 확산되고 있습니다. 최근 링크드인은 자사 채용플랫폼에서 학력보다 스킬을 중심으로 한 인재 추천 기능을 강화하고 있습니다. 실제로 스킬 기반 채용을 실시한 기업들은 더 높은 직무 만족도와 이직률 감소, 채용효율성 향상 등의 성과를 경험하고 있다고 보고하고 있습니다.

미국 최대 유통 기업 월마트(Walmart)는 학위 없이 입사한 직원을 내부 교육과 훈련을 통해 매장 관리자, 물류 담당자, 심지어 데이터 분석가로 성장시킨 사례도 있습니다. 월마트는 내부 교육 플랫폼을 통해 직원들에게 디지털 리터러시, 고객응대 기술, 물류 자동화 시스템 이해 등 실무 중심의 스킬 교육을 제공합니다. 또한 무선통신 서비스 기업 AT&T는 직원들이 사내 디지털 대시보드를 통해 본인의 스킬 갭을 확인하고, 코세라(Coursera), 유다시티(Udacity)와 같은 온라인 강의를 활용해 부족한 스킬을 직접 보완할 수 있도록 지원하고 있습니다. 이들은 직무가 아니라 스킬로 채용하고, 스킬로 평가하며, 스킬로 보상하는 구조를 가지고 있습니다.

우리나라에서도 이러한 변화가 조금씩 나타나고 있습니다. SK, 롯데, LG 등 주요 기업들이 학력보다는 직무 능력을 강조하고, 코딩 테스트, 직무 경험 기반 평가, 포트폴리오 심사 등을 강화하며 스펙보다는 실력 중심으로 전환하고 있습니다.

우리 아이들도 이러한 변화를 이해하고 진로에 접근하는 것이 꼭 필요합니다. 직업이나 학위만을 목표로 삼는다면 빠르게 변화하는 환경과 어긋나 낭패를 볼 수 있기 때문입니다.

스킬 기반으로 일하며 배우는 글로벌 인재들

그럼 글로벌 기업들의 채용 이후 일하는 방식은 어떨까요? 기업의 내부 운영 방식도 바뀌고 있습니다. 과거에는 인사 팀, 재무 팀처럼 직무라는 단위로 조직이 구성되었습니다. 그런데 최근에는 하나의 직무에 다양한 스킬이 복합적으로 요구되고, 업무도 빠르게 변하기 때문에 더 이상 정해진 직무로는 조직을 유연하게 운영할 수 없습니다. 그래서 많은 글로벌 기업들이 스킬 기반 조직(Skill-Based Organization)으로의 변화를 시도하고 있습니다.

대표적인 글로벌 헬스케어 기업 노바티스(Novartis)는 기존의 부서 체계 대신 프로젝트별로 필요한 스킬을 가진 구성원들이 유연하게 모여 일하는 방식을 도입했습니다. 또한 마이크로소프트는 스킬 매트릭스를 통해 구성원들의 역량을 분석하고, 직무가 아니라 스킬 포트폴리오를 중심으로 인재를 배치하고 있습니다.

이런 조직의 경우 더 이상 부서명으로만 조직도가 구성되지 않습니다. 데이터 분석 스킬, 고객 커뮤니케이션 스킬, 콘텐츠 기획 스킬과 같이 구체적인 스킬과 레벨이 인사 정보 시스템에 기록되고, 이를 바탕으로 프로젝트 단위 업무가 배정됩니다.

그렇다면 스킬 기반의 조직은 어떻게 일하고 있을까요? 직무 단위의 위계조직에서는 유튜브 홍보물 제작이라는 과업이 있을 때 어떻게 진행되나요? 먼저 마케팅 부서의 디지털 마케팅 담당자에게 업무가 부여될 것입니다. 이 디지털 마케팅 담당자는 유튜브 홍보물 콘텐츠에 대해 고민하고, 시중에 나와 있는 책이나 영상, 블로그를 찾아보면서 낑낑대며 이 과업을 해결하려고 합니다.

하지만 스킬 기반의 조직에서는 이렇게 움직이지 않습니다. 유튜브 홍보 콘텐츠라는 과업에 스킬이 매칭됩니다. 예를 들어 콘텐츠 기획, 콘텐츠 시나리오 작성, 촬영 및 편집이라는 세 가지 스킬을 요구한다고 가정해보죠. 그러면 각각의 스킬을 가지고 있는 사람과 매칭됩니다.

콘텐츠 기획 스킬을 가지고 있는 구성원 1, 그리고 시나리오 작성 스킬을 가지고 있는 구성원 2, 촬영 및 편집 스킬을 가지고 있는 구성원 3에게 과업이 배치됩니다. 이들은 이 과업 해결을 위해 협업하면서 유튜브 콘텐츠 제작이라는 과업을 완수하죠. 어떤가요? 조직이 훨씬 효율적이고 최적화되어 있지 않나요? 스킬 기반의 조직은 채용, 업무 배치, 교육, 보상, 평가에 이르기까지 스킬 단위 표준을 적극적으로 활용하고 있습니다.

다음의 사례는 스킬 기반 조직에서 많이 활용하는 탤런트 마켓 플레이스(Talent Marketplace)라는 업무 배치용 플랫폼 글로트(Gloat)의 모습입니다.

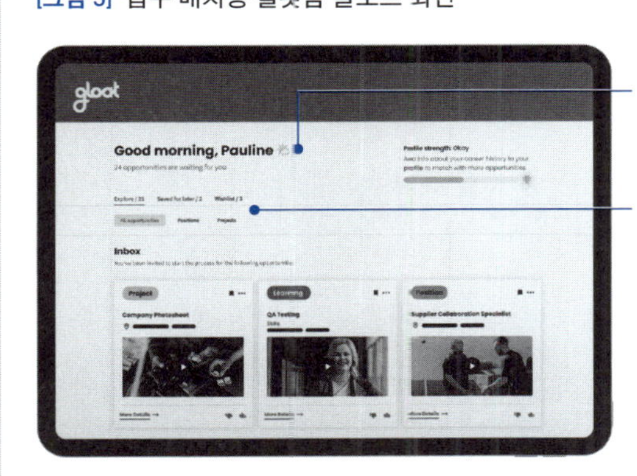

[그림 5] 업무 배치용 플랫폼 글로트 화면

24개의 기회가 기다리고 있어요.

프로젝트, 포지션, 학습의 기회를 다양하게 제공(스킬 기반의 프로파일 완성도에 따라 더 많이 추천됨)

회사에서 일방향의 업무 지시가 아닌 스킬을 매개로 프로젝트, 포지션 등의 거래가 활발하게 이루어지는 탤런트 마켓플레이스의 형태(정규직, 프리랜서, 긱워커 등 다양하게 포함)

출처: joshbersin.com/2021/06/gloat-receives-57m-round-defining-the-talent-marketplace

글로트를 살펴보면 글로벌 기업들이 어떤 방식으로 일하는지를 엿볼 수 있습니다. 구성원들은 스킬을 습득하고 인증받아 이 플랫폼에 저장합니다. 그리고 해당 플랫폼에 로그인을 하면 "24개의 업무가 기다리고 있어요"라는 메시지가 뜨는 것이죠. 본인의 부서나 직위와 상관없이 자신의 스킬에 따라 프로젝트 또는 업무가 배치되는 형식입니다. 그리고 이 과업을 해결하면 하루 업무가 끝나는 방식이죠. 미래에 우리 아이들이 사회에 진출하면 이러한 방식을 활용해 일할 가능성이 매우 높습니다.

우리 아이의 진로도 스킬 중심으로 유연하게

그럼 스킬 기반으로 기업들이 옮겨가는 세상에서 우리 아이들의 진로지도는 어떻게 해야 할까요? 다음의 세 가지 정도로 정리해볼 수 있습니다.

우선 간판(대학)보다는 실력이 중요합니다. 그동안에는 자신의 실력을 입증할 방법이 많지 않았습니다. 그러한 이유로 눈에 잘 보이는 간판이 중요했죠. 하지만 디지털 기술과 AI 기술의 발달은 실력 검증을 용이하게 할 뿐만 아니라 능력과 과업을 데이터 기반으로 자연스럽게 연결시키고 있습니다. 따라서 간판보다는 실력 있는 사람이 더욱 인정받는 시대로 바뀌고 있는 것이죠. 지금 현재 우리 아이의 진로지도가 간판 취득 방향으로 나아가고 있다면 다시 한 번 생각해볼 필요가 있습니다. 실질적인 실력을 키울 수 있는 진로를 안내하는 것이 중요합니다. 즉 '어디에서 공부하고 일하느냐'가 아니라 '무엇을 할 수 있느냐'가 미래 AI시대에는 무엇보다 중요하다는 점을 기억해야 합니다.

둘째, 평생 배우며 살아가야 할 것을 강조해야 합니다. 지금은 12년마다 자신의 스킬을 절반 정도 지속적으로 바꿔야 하는 시대입니다. 앞으로는 계속 배우고 학습하면서 살아야 하는 시대임을 인지하는 것이 중요합니다. 대학까지 열심히 공부했다고 그 이후에는 지치는 사람들을 많이 봅니다. 학벌 중심의 사고가 강했던 사회에서는 대학까지의 단거리 경주가 중요했다면 지금의 AI시대에는 평생 학습하고 일하고 배우는 장거리 경주에 대비하는 것이 중요합니다. 그리고 이런 장거리 경주에서 경력을 개발하는 데 있어 무엇보다 중요한 것은 평생학습의 자세입니다.

마지막으로, 유연성과 확장성을 고려해야 합니다. 우리 아이들 대부분은 앞으로 하나의 직업만을 갖지는 않을 것입니다. 미국의 경우 한 사람이 평생 평균 12개의 직업을 갖는다고 합니다. 다양한 직업이나 진로경로를 갖게 될 것이라는 점을 함께 인지하는 것이 필요합니다. 자신이 보유한 스킬에 따라 때로는 인사 업무를, 때로는 IT 프로젝트를, 그리고 때로는 마케팅 업무를 할 수 있는 시대를 살아갈 것입니다. 즉 아이들의 진로와 경력에 유연성과 확장성이 있음을 함께 고려하는 것이 중요합니다. 지금의 아이들은 대학 → 회사 → 은퇴라는 정형화된 경로가 아니라, 자신의 스킬을 기반으로 다양한 경로를 선택하고 조합하며 살아가는 시대에 들어서게 될 것입니다. 한 가지 직업만 가지는 것이 아니라 다양한 프로젝트와 일을 병행하거나 스스로 일의 기회를 창출할 수 있는 시대를 살아갈 것입니다. 글쓰기를 좋아하는 아이가 글을 잘 쓰는 능력에 영상 편집이나 디지털 마케팅 스킬을 접목해 콘텐츠 크리에이터, 브랜딩 전문가, 인터뷰어 등 다양한 진로로 확장해 나갈 수 있는 시대인 것이죠. 이는 위기가 아니라 엄청난 기회가 될 수 있습니다. 하나의 정답만이 존재하는 시대가 아니라 각자의 능력과 스킬에 따라 수십 가지 가능성이 열려 있습니다.

경력 사다리에서 경력 격자로, 진로에도 변화가 찾아왔다

경력 사다리에서 경력 격자로

"우리 아이는 나중에 뭐가 되어야 잘 산다고 할 수 있을까요?" 많은 부모들이 이런 질문을 하곤 합니다. 예전 같으면 답이 꽤 뚜렷했을지도 모릅니다. 좋은 대학, 안정적인 회사, 꾸준한 승진, 퇴직 후 연금. 말 그대로 '성공 사다리'가 존재했습니다. 하지만 디지털이 발전하고 AI가 등장하면서 이제는 그 사다리가 흔들리고 있습니다. 어쩌면 없어지고 있는지도 모릅니다.

한때는 모든 것이 단순했습니다. 한 직장에 들어가서 열심히 일하면 과장, 차장, 부장… 이렇게 한 칸씩 위로 올라가며 성공을 향해 나아가는 구조였죠. 이러한 형태를 '경력 사다리(Career Ladder)'라고 부릅니다.

우리에게 익숙한 직장인들의 경력 경로죠. 하지만 이제는 그 사다리가 잘 작동하지 않습니다. 기술이 너무 빠르게 발전하고, 산업도 예측할 수 없이 변화하고 있기 때문입니다. 예전처럼 '하나만 잘하면 평생 먹고 산다'는 공식은 좀처럼 통하지 않게 되었습니다. 이제 경력 경로의 세상은 사다리가 아니라 '격자(Lattice)'로 바뀌고 있습니다. 사다리가 위로만 올라가는 길이었다면, 격자는 사방팔방으로 이어져 있는 그물망 같은 구조입니다. 가로로도 갈 수 있고 대각선으로도 이동할 수 있으며, 때로는 뒤로 한걸음 물러나는 것도 가능합니다.

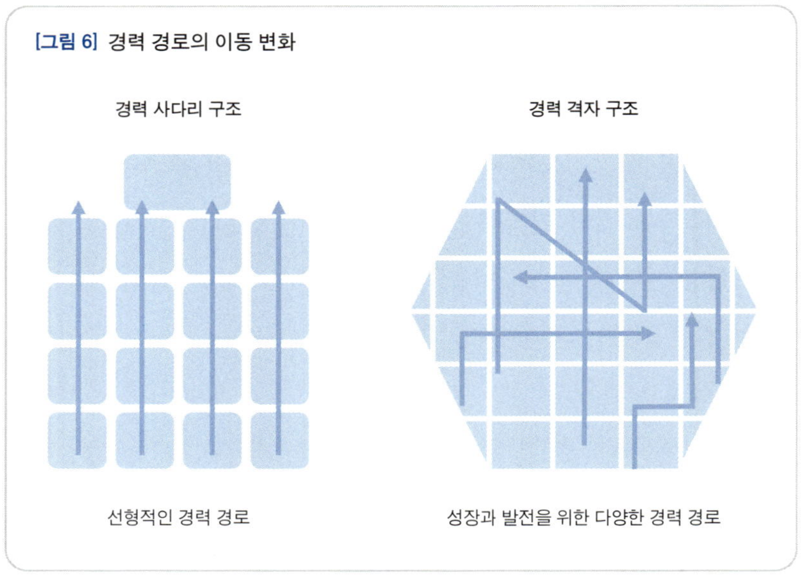

출처: www.edsi.com/blog/career-ladders-vs-career-lattices-tools-for-employee-development

마이크로소프트의 연구 책임자 애비게일 셀렌(Abigail Sellen)은 이런 말을 했습니다.

"아이들에게 커리어를 사다리가 아니라 암벽 등반처럼 보라고 하세요."

혹시 암벽 등반을 해본 경험이 있나요? 꼭대기까지 가기 위해서는 가끔 옆으로 가기도 하고, 쉬었다가 다시 경로를 바꾸기도 하잖아요. 그것이 요즘 경력 경로의 모습이라는 의미입니다.

과거의 경력 관리는 하나의 장거리 비행과 같았습니다. 도두 같은 방향으로 긴 시간 동안 비행하는 모습이었죠. AI로 빠르게 바뀌는 지금의 경력 관리 모습은 마치 지하철에 비유할 수 있습니다. 각자의 목적지가 다르고 때로는 갈아타야 하는 등 한 방향이 아니라 네트워크 형식으로 경로가 구성되는 형태입니다. 바로 경력 격자처럼 말이죠.

경력 격자는 말 그대로 유연한 경력 설계를 말합니다. 예전에는 위로만 가는 승진만이 성장이라고 생각했지만 이제는 다릅니다. 마케팅 팀에 있다가 HR 팀으로 옮기는 사람, 관리자 역할을 잠시 내려놓고 현장 전문가로 돌아가는 사람, 회사 내 다른 지역 혹은 아예 다른 산업으로 옮기는 사람 등 다양한 경로로 경력을 끌고 나갑니다.

세계적인 HR 컨퍼런스인 ATD 2025 세션에서도 경력 격자 모형으로 변화하고 있는 최근의 모습들을 상세히 설명하고 있습니다. 이 세션에서 HR 전문가 디터 벨츠만(Dieter Veldsman) 박사는 이렇게 말합니다.

> "앞으로의 경력 개발은 누가 더 높이 올라가느냐가 아니라 누가 더 유연하게, 깊이 있게, 자신답게 이동하느냐가 중요합니다."

해당 컨퍼런스에서 발표된 실제 연구에 의하면 기업의 HR 담당자 중 전통적인 사다리 모형으로 이동하고 있는 사람의 비율은 33%밖에 되지 않는다고 합니다. 나머지 67%는 경력 사다리가 아닌 경력 격자 모형으로 이동하고 있는 것이죠. 즉 인사부서의 사원, 대리, 과장, 부장과 같은 경로를 걷는 이들은 1/3밖에 되지 않고 나머지는 인사부서에 있다가 현장 마케터로 갔다가, 조직문화 부서를 거쳐 현장 관리자로 옮겨가는 사례처럼 다양한 경로로 경력을 이동하는 것이 일반화되고 있습니다.

경력 격자 위를 걷게 될 우리 아이들

기업들도 구성원들의 경력 관리를 지원하기 위해 경력 사다리 형식의 경력 관리가 아닌 경력 격자 모형의 경력 관리를 지원하고 있습니다. 생활용품 브랜드로 잘 알려진 글로벌 기업 유니레버(Unilever)는 'FLEX Experiences(유연한 학습경험)'라는 사내 프로그램을 운영합니다. 직원들이 전체 근무 시간의 약 20%를 활용해 다른 부서의 프로젝트에 참여할 수 있도록 한 제도입니다. 이를 통해 구성원들은 다양한 경력을 경험하고 새로운 스킬을 배울 수 있게 되었습니다. 이 프로그램을 통해 직원들의 생산성은 41% 증가했고 협업률 또한 크게 높아졌다고 합니다.

IBM은 전통적인 기술 기업이지만 지금은 스킬 기반 경력 개발의 선두 주자입니다. 학위보다 할 수 있는 일을 더 중요하게 보는 것이죠. 그래서 바리스타, 교사, 간호사 출신이 IBM에 입사해 데이터 분석가, 개발자로 성장하는 사례들이 많습니다. IBM은 AI기반 스킬 맵을 통해 직원이 필요한 스킬을 추천받고 새로운 프로젝트에 도전할 수 있도록 지원하고 있습니다. 출발선이 어디든 스스로 배워가며 자기 커리어를 만들어갈 수 있도록 프로그램을 제공하고 있는 것입니다.

마이크로소프트는 직원들이 다양한 부서와 역할을 경험할 수 있는 구조를 장려합니다. 기획, 기술, 관리 등 다양한 영역을 넘나들며 리더로 성장하도록 돕죠. 실제로 고고학 박사 출신이 데이터 과학자로 전환한 사례도 있다고 합니다. 이 회사는 승진보다 성장에 집중합니다. '지금 있는 자리에서 무엇을 배우고, 어떤 역할을 할 수 있는가'를 승진보다 더 중요하게 생각하는 것이죠.

이제는 하나의 직업만으로 평생을 살아가는 시대가 아닙니다. AI와 디지털로 변화된 세상은 경력 격자 모형에서 다양한 경력을 경험하며 인생을 살아가게 됩니다. 그렇다면 이런 질문을 던져 봅니다. "우리 아이는 어떤 경로를 걷게 될까요?" "그 아이는 변화 속에서도 자기만의 길을 만들어갈 수 있을까요?"

이런 시대에는 아이가 얼마나 자기 경력을 스스로 잘 설계할 수 있는가가 중요합니다. 그리고 이런 경력 설계는 평생에 한 번이 아니라 18개월마다 한 번씩 수립해야 하는 시대입니다[세계적인 인사분야 석학 엘리엇 마시에(Elliot Masie)가 2025년 국제 컨퍼러스에서 밝힌 의견으로 앞으로 우리는 18개월마다 경력을 새로 수립해야 한다고 주장했습니다].

이제는 부모세대도 생각을 바꿔야 할 때입니다. 아이에게 "무슨 직업을 가질래?"라고 묻는 대신 "어떤 경험을 쌓고 싶니?" 혹은 "어떤 가치를 중요하게 생각하니?"라고 물어보는 것이 중요합니다.

직업 하나로만 경력 목표를 잡는다면 지금과 같이 빠르게 변화하는 시대에 그 직업은 사라질 수 있습니다. 예를 들어 동시통역사를 경력 목표로 준비했다면 AI에 의한 자동번역으로 인해 일자리가 많이 줄어들 수 있는 것이죠. 결국 변화하지 않는 나만의 가치에 우리 아이들의 진로와 경력을 맞춰 나갈 필요가 있습니다.

과거 직업 변화가 심하지 않을 때에는 직업이 곧 목표가 될 수 있었습니다. 하지만 지금과 같이 경력 격자를 걷게 될 우리 아이들을 위해서는 직업보다는 자신이 하고 싶은 일, 스스로가 가치 있다고 여길 수 있는 일을 찾는 것이 중요합니다. 그리고 이런 아이들의 가치 위에 진로와 경력 경로를 맞춰 나가는 것이 필요합니다.

경력 격자 세상에 적응하기

경력 격자 세상에 적응하기 위해서는 진로와 경력 관리를 어떻게 설계해야 할까요? 이런 세상에서 살아남는 사람들의 특징은 다음과 같습니다.

우선 나만의 경력 지도를 그릴 줄 아는 사람이 되어야 합니다. 예전에는 정해진 길이 있었습니다. 좋은 대학, 좋은 직장, 정년퇴직과 같이 딱 정해진 판이 있었기 때문에 거기에만 맞추면 됐습니다. 그런데 이제는 그 지도가 사라지고 있습니다. 길도 많고 방향도 다양해지고 있을 뿐만 아니라 심지어 변화가 너무 빨라 예측하기도 어렵습니다. 위로만 가는 게 아니라 옆으로도, 대각선으로도, 때로는 잠시 내려가기도 하죠. 이런 시대에 중요한 건 '누가 내비게이션 없이도 자기 경로를 만들 수 있느냐'입니다. '나는 무엇을 잘할 수 있을까?' '지금 내가 배우는 건 어떤 가능성을 열어줄까?' '내가 중요하게 생각하는 가치는 뭘까?' 이런 부분을 지속적으로 생각하는 사람이 자신만의 경로를 찾아낼 수 있을 것입니다.

부모는 우리 아이들이 자신의 진로와 경로에 대해 스스로 고민하고 설계할 수 있도록 지원해주어야 합니다. 자신의 진로와 경로를 스스로 찾아내는 일이 습관화 되어야 한다는 것이죠. 지금과 같이 정해진 길에서 성적 상승만을 요구한다면 미래 사회에 아이들은 당황할 수밖에 없습니다. 경력 사다리가 아닌 경력 격자 세상에서 길을 잃어버릴 수도 있을 테니까요.

두 번째로는 계속 배우고 연결할 줄 아는 사람이 되어야 합니다. AI시대, 기술은 정말 빠르게 변화합니다. 한 가지 기술만 잘해서는 오래 살아남기 힘든 시대입니다. 그래서 가장 중요한 능력 중 하나가 계속 배우는 힘, 바로 학습민첩성이 필요한 것이죠. 이를 위해서는 새로운 걸 배우는 일을 두려워하지 않고, 또 배운 것을 어디에 활용할지 연결할 수 있는 능력이 중요합니다.

마지막으로 실패를 발판 삼아 다시 도전하는 사람이 되는 것입니다. 격자형 경력에서는 실패가 자연스러운 일입니다. 한 번에 맞는 길을 찾는 사람이 얼마나 되겠습니까? 그래서 중요한 건 실패하지 않는 것이 아니라 실패를 다시 기회로 만드는 힘입니다. 어떤 아이는 대학 전공이 맞지 않아서 중간에 전공을 바꿔야 할 수도 있습니다. 어떤 아이는 첫 회사가 맞지 않아 퇴사 후 전혀 다른 분야에 도전하죠. 예전에는 이런 걸 실패라고 생각했을지 몰라도 지금은 이런 경험이 경력을 더 유연하고 깊게 만들어주는 자산이 될 것입니다.

실패의 경험이 있는 아이는 두 번째 도전에서 더욱 똑똑하게 움직입니다. 무엇이 안 맞는지 잘 알기 때문에 다음 선택은 더 신중하죠. 도전의 결과보다 도전 그 자체를 소중히 여기는 사람으로 자라는 것이 중요합니다.

Artificial Intelligence

새로운 일과 삶의 풍경들

혼자서 창의적으로 일하는 솔로프리너와 크리에이터

솔로프리너의 부상

전 우버 뉴욕 지사장 출신인 조시 모러(Josh Mohrer). 사업가인 그는 어느 날 코딩을 전혀 모르는 상황임에도 불구하고 '나만의 앱을 만들고 싶다'는 생각이 들었습니다. 2023년, 그는 챗GPT 같은 생성형 AI를 활용해 혼자서 하루 만에 Wave AI라는 음성 요약 앱 시제품을 만듭니다. 이 앱은 회의, 강의, 진료 등에서 녹음한 음성을 자동으로 받아쓰기 하고 요약까지 해주는 서비스입니다.

이 상품은 그야말로 대박이 났습니다. 8개월 만에 연 매출 40억 원을 기록했죠. 기능 개발, 서버 구성, 버그 잡기까지 모두 AI가 도와주었고 고객 대응도 직접 했다고 합니다. 혼자 전 과정을 운영했기 때문에 비

출처 : https://wave.co

용은 거의 소요되지 않았습니다. 조시 모러는 "AI 덕분에 혼자서도 기업 수준의 제품을 만들 수 있는 시대가 왔다"며 혼자서도 기업을 운영할 수 있는 시대를 예견하고 있습니다.

《솔로프리너의 시대》를 집필한 고승원 작가는 원래 평범한 직장인이었어요. 그런데 어느 순간 '내가 진짜 원하는 삶은 무엇일까?'라는 고민을 하다 혼자서도 충분히 할 수 있는 일, 바로 1인 기업가의 길을 선택했습니다. 처음에는 막막했지만 요즘 세상에 혼자 일하는 게 꼭 힘든 일만은 아니었다고 합니다.

그가 가장 잘 활용한 것은 바로 AI와 자동화 도구였어요. 예를 들어 블로그에 글을 쓸 때도 AI가 초안을 잡아주고, 고객에게 이메일을 보낼 때도 AI가 자동으로 써주니까 시간과 에너지가 엄청나게 절약됐습니다. 또 반복적으로 해야 하는 일들은 자동화 프로그램에 맡기고, 본인은 정말 중요한 일에만 집중했어요. 이렇게 하다 보니 혼자서도 여러 명이 일하는 것처럼 효율적으로 일할 수 있었고, 실제로 직원 없이도 충분히 안정적인 수익을 내고 있습니다.

고승원 작가는 "혼자 일한다고 해서 외로운 게 아니라, 오히려 내가 원하는 삶을 내가 직접 만들어갈 수 있어서 더 행복하다"고 말합니다. 그리고 이런 경험을 바탕으로 책도 쓰고, 강연도 하면서 많은 사람에게 새로운 길을 보여주고 있습니다.

조시 모러와 고승원 작가 같은 이들을 솔로프리너[혼자 일하는 기업가를 의미하는 말로, Solo(혼자)와 Entrepreneur(기업가)의 합성어]라 부릅니다. 솔로프리너란 혼자서 사업을 꾸려가는 사람, 즉 직원 없이 혼자 기획하고, 운영하고, 마케팅하고, 수익까지 내는 1인 기업가를 말합니다. 예전엔 혼자 사업한다고 하면 소규모 자영업을 떠올렸지만 지금은 상황이 많이 달라졌어요. 기술의 발전과 사회 분위기의 변화 덕분에 혼자서도 당당하게 하나의 브랜드가 되고, 하나의 콘텐츠 비즈니스를 만들어갈 수 있는 시대가 된 것이죠. 솔로프리너가 이렇게 많아지게 된 데에는 몇 가지 중요한 배경이 있습니다.

첫 번째는 뭐니뭐니 허도 디지털 기술의 발전입니다. 지금은 노트북이나 스마트폰 하나만 있으면 콘텐츠를 만들고 디자인하고, 심지어 수익화까지 가능한 도구들이 아주 많아졌습니다. 예를 들어 캔바(Canva)로 포스터나 카드뉴스를 쉽게 만들 수 있고, 노션(Notion)으로 프로젝트를 정리하거나 온라인 강의 자료를 만들 수 있죠. 예전에는 이런 걸 하려면 디자이너나 개발자를 별도로 채용해야 했는데, 지금은 초보자도 충분히 혼자서 해낼 수 있을 만큼 도구들이 직관적이고 사용하기 편리합니다. 이렇다 보니 사무실이나 직원을 두지 않아도 사업을 시작할 수 있게 된 것이죠.

두 번째는 코로나19 팬데믹을 거치면서 일하는 방식 자체가 크게 달라졌다는 점입니다. 코로나19 팬데믹 시기 전 세계적으로 재택근무와 비대면 협업이 확산되었고, 그 경험이 많은 사람에게 새로운 가능성을 열어주었습니다. '꼭 회사에 출근하지 않아도 일은 되네!', '혼자서도 충분히 일할 수 있겠는데!' 이런 생각들이 자연스럽게 자리 잡은 것이죠. 실제로 많은 직장인이 퇴사를 고민하거나 부업을 시작하면서 1인 비즈니스로 눈을 돌리게 되었습니다. 특히 회사를 떠나더라도 살아남을 수 있다는 자신감이 생긴 게 큰 변화였어요.

세 번째는 세대의 가치관 변화를 들 수 있습니다. 특히 MZ세대를 중심으로 '안정적인 직장이 꼭 인생의 정답은 아니다'라는 생각이 확산되고 있습니다. 이들은 조직 내에서 위계에 따라 일하기보다는 자신이 주도권을 가지고 일하는 걸 선호합니다. 무엇보다 내가 좋아하는 일, 의미 있는 일을 하고 싶어하죠. 요즘 많이 이야기되는 덕업일치, 즉 '덕질과 업(일)을 일치시키는 삶'을 꿈꾸는 사람들이 많아졌습니다. 유튜브, 블로그, 인스타그램 같은 SNS 플랫폼들이 그 꿈을 현실로 만들어주는 것이죠. 누구든지 자신이 잘하는 걸 주제로 콘텐츠를 만들고, 이를 통해 수익을 낼 수 있으니까요.

이런 변화들이 모이면서 이제는 '직장에 다녀야만 먹고살 수 있다'는 공식이 깨지고 있습니다. 오히려 '내가 좋아하는 것으로, 내가 주도권을 갖고, 나만의 방식으로 일할 수 있겠다'는 생각이 더 널리 퍼지고 있는 것이죠. 그래서 지금은 누구나 콘텐츠 크리에이터, 지식판매자, 코치, 디자이너, 1인 개발자처럼 다양한 형태의 솔로프리너가 될 수 있는 시대가 됐고, 그 흐름은 앞으로도 더욱 강력해질 것입니다.

최근 몇 년 사이 1인 기업을 창업하는 추세가 뚜렷해졌습니다. 코로나19 팬데믹을 거치며 창업 붐이 일어났는데, 미국 의회 자료에 의하면 2021년 신규 사업자 신청 건수가 540만 건으로 사상 최고치를 기록해 팬데믹 이전 5년 평균보다 68%나 많았습니다. 또한 경제경영 미디어 인크닷컴(Inc.com)에 의하면 2021년 구글 검색 트렌드에서 '사업 시작 방법(how to start a business)'의 검색 빈도가 '취업하는 방법(how to get a job)'을 앞질렀다고 합니다. 이는 취업보다 창업에 사람들이 더 많은 관심을 갖고 있다는 것을 의미합니다.

우리나라도 예외는 아닙니다. 중소벤처기업부의 〈1인 창조기업 실태조사〉에 따르면 2022년 우리나라의 1인 창업 수는 100만 개를 돌파했습니다. 업종별로는 제조업, 전자상거래, 교육서비스업이 주를 이루었으며, 활동 분야는 온라인 쇼핑몰, 콘텐츠 제작, 교육 등으로 다양합니다.

유튜버로 대변되는 크리에이터들의 세상

"우리 아이는 유튜버가 꿈이라는데, 이걸 어떻게 봐야 할까요?" 예전 같으면 "유튜버가 되기보다는 좋은 대학 가서 안정적인 직업을 가져야지"라고 대답했겠지만, 이제는 그런 말이 설득력을 잃어가고 있습니다. 내가 좋아하는 일이 곧 직업이 되는 삶이 대세가 되고 있으니까요. 과거에는 '그런 건 소수만이 가능한 일이지'라고 생각했겠지만 지금은 상황이 다릅니다. SNS 플랫폼의 발달로 누구나 자신의 관심사를 콘텐츠로 만들어 세상과 나누고, 이를 통해 수익을 창출할 수 있게 된 것입니다.

예전에는 유명 유튜버들이 광고나 협찬을 통해 수익을 냈다면, 지금은 전자책, 온라인 클래스, 자체 브랜드 제품, 팬덤 기반의 굿즈 판매 등 다양한 방식으로 수익 모델을 만들어가고 있습니다. 창작자의 콘텐츠 자체가 곧 상품이 되고, 팬들은 소비자가 아니라 지지자로 참여합니다. 2023년 세계경제포럼의 발표에 의하면 크리에이터 시장의 규모를 1,270억 달러, 우리 돈으로 환산하면 약 160조 원으로 추산하고 있습니다. 이 시장의 규모는 지속적으로 확대되고 있습니다.

크리에이터 중심의 새로운 직업의 등장과 진화

이러한 흐름 속에서 전통적인 직업 분류에서는 찾아볼 수 없던 새로운 직업군들이 빠르게 등장하고 있습니다. 유튜버, 틱톡커, 뉴스레터 작가, 1인 전자상거래 창업자, 디지털 템플릿 디자이너, 온라인 튜터, 오디오북 제작자까지. 이들은 하나같이 자신의 재능과 관심사를 바탕으로 콘텐츠를 만들고 수익을 창출하는 창의적 경제 주체들입니다.

특히 이 흐름은 어린 세대의 진로인식에도 큰 영향을 미치고 있습니다. 미국의 경제전문 미디어 패스트컴퍼니(Fast Company)가 알파세대(2010년대 이후 출생)를 대상으로 실시한 설문조사에서, 장래희망 1위가 유튜버(32%), 2위는 틱톡커(21%)로 나타났습니다. 의사나 변호사 같은 전통적 전문직보다 더 높은 순위를 차지한 것이죠. 또한 한국콘텐츠진흥원의 2023 콘텐츠 이용자 조사에 따르면, Z세대의 74.2%가 유튜브, 인스타그램 등에서 콘텐츠를 만들고 싶다는 의향을 보였으며, 이 중 절반 이상은 수익 창출 경험도 있었다고 합니다. 실제로 2023년 대한민국 상위 30개 유튜브 채널의 연평균 수익은 약 100억 원, 그중 1위 채널은 무려 544억 원의 수익을 기록했다는 통계도 있습니다.

이러한 크리에이터 직업군의 공통점은 뚜렷합니다. 첫째는 자기를 표현한다는 점이고, 둘째는 기술을 잘 활용한다는 점입니다. 내가 좋아하고 잘하는 것을 콘텐츠로 풀어내고, 디지털 도구를 활용해 세상과 연결하는 능력이야말로 이 시대의 핵심경쟁력입니다. 그림을 잘 그리는 아이는 아이패드 하나로 디지털 아트를 만들어 온라인상에서 판매할 수 있고, 글을 잘 쓰는 아이는 블로그나 뉴스레터 플랫폼에서 팬층을 형성할 수 있습니다. 말주변이 좋은 아이는 유튜브나 팟캐스트를 통해 영향력을 키울 수 있죠. 이러한 흐름을 주도하는 건 바로 MZ세대와 알파세대입니다.

어린 세대는 더 이상 좋은 직장에 들어가야겠다가 아니라 내 브랜드를 만들어야겠다는 생각을 자연스럽게 하면서 자라나는 세대입니다. 오늘날 우리는 급격한 기술 발전과 사회 구조 변화가 맞물리며, 개인이 곧 브랜드가 되는 시대에 살고 있습니다. 스스로 창작하고 세상에 자신의 목소리를 내며, 그 결과로 수익을 창출하는 크리에이터들은 새로운 직업의 변화를 선도해 나가고 있습니다.

솔로프리너와 크리에이터는 미래 진로와 경력의 변화를 현실에서 보여주고 있습니다. 창의적인 아이디어와 실행력만 있으면 충분히 자신의 꿈을 펼칠 수 있는 세상이며, 이런 아이디어와 실행력이 미래의 직업 세상을 바꾸게 될 것입니다.

여러 가지 직업을 즐기는 프로 N잡러

N잡러의 시대가 온다

"요즘 직업이 하나면 오히려 이상한 거 아닌가요?"

"회사만 다니는 건 불안해요. 뭔가 '나만의 일' 하나는 갖고 있어야 안심이 되더라고요."

다양한 직업을 갖고 있는 N잡러들의 이야기입니다. 직업을 하나만 가진 사람이 오히려 불안하다고 느껴질 정도로 다양한 일을 병행하는 N잡러들이 빠르게 늘어나고 있습니다. N잡러란, 여러 개의 일을 동시에 수행하는 사람을 뜻합니다. 예전에는 '투잡'이라는 말이 익숙했지만, 지금은 3개, 4개 이상의 일을 동시에 하는 사람도 적지 않습니다.

그렇다면 왜 N잡러가 늘어나고 있을까요? 첫 번째 이유는 고용의 불안 정성 때문입니다. 한국고용정보원에 따르면, 2023년 기준 한 직장에서 1년 이하로 근무하는 청년층(15~29세)의 비율은 38.2%에 달합니다. 이는 10년 전보다 무려 13.4% 증가한 수치로, 직장이 오래 지속되지 않는 구조 속에서 많은 사람이 '한 가지 일에만 의지할 수는 없다'고 느끼는 결과입니다. 또한 2023년 통계청이 발표한 〈경제활동인구조사 부가조사〉에 따르면 2개 이상의 수입원을 가진 사람은 약 450만 명으로 전체 경제활동인구의 16.8%에 달합니다. 특히 30~40대의 N잡 비율이 급격히 늘어나고 있는 것으로 나타났습니다.

두 번째는 기술의 발달 덕분입니다. 불과 얼마 전까지만 해도 홈페이지 하나 만들려면 개발자에게 별도로 의뢰해야 했지만, 지금은 노코드(코드 없이 웹페이지 또는 애플리케이션을 개발하는 방식) 툴을 활용해 누구나 간단한 웹사이트를 만들 수 있게 되었죠. 영상 편집도, 온라인 강의 개설도, 전자책 출판도 이제는 스마트폰 하나만 있으면 가능한 시대입니다. 기술이 나만의 일을 하려는 사람들의 진입 장벽을 낮춘 것입니다. 예를 들어 콘텐츠 마켓 플랫폼 크몽에는 2024년 1월 기준으로 약 45만 명의 판매자가 등록되어 있으며, 이들 중 상당수가 본업 외 부업을 병행하는 일반 직장인입니다. 온라인 강의를 판매하는 교육 사이트 클래스101 역시 전체 크리에이터의 70% 이상이 N잡러이며, 강의 수익은 월 평균 150~300만 원 선으로 발표하고 있습니다.

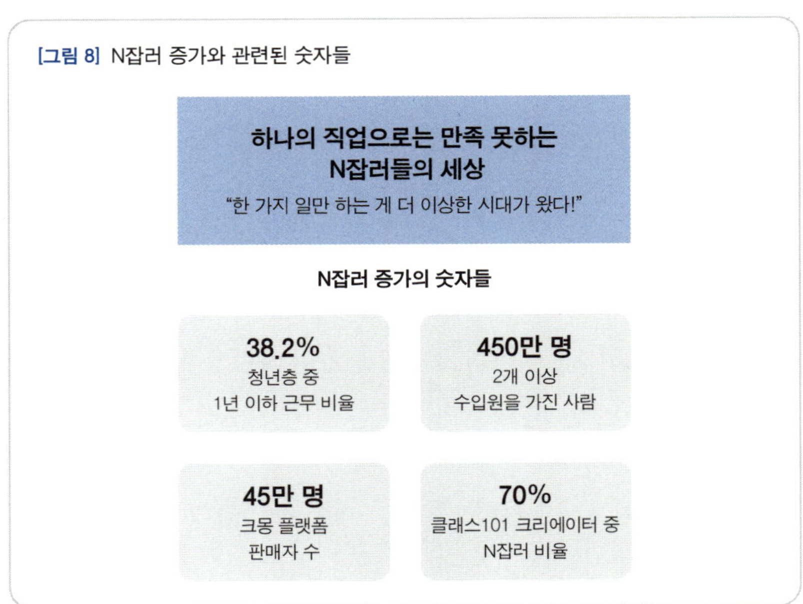

출처: 통계청 〈2024년 5월 경제활동인구조사 청년층 부가조사 결과〉,
각종 N잡러·플랫폼 관련 언론보도 및 크몽 및 클래스101 공개자료(필자 재구성)

N잡러가 늘어나는 세 번째 이유로는 세대의 변화를 들 수 있습니다. 특히 MZ세대는 안정보다 자율과 자아실현을 중요하게 생각합니다. 대학을 졸업하고 대기업에 입사해도 퇴사하고 자신이 좋아하는 분야에서 새로운 경로를 찾는 경우가 많아졌습니다. 이는 단순히 경제적 필요가 아니라 내가 좋아하는 것을 하며 살고 싶다는 욕구 때문인 것입니다.

늘어나는 N잡러의 사례

찜질방 매점에서 일하던 50대 주부 서 여사는 어느 날 '이대로 끝내긴 싫다'며 블로그에 글을 쓰기 시작해 전자책, 강의까지 확장했습니다. 그의 책《50대에 시작해도 돈 버는 이야기》에 따르면, 지금은 전자책을 여러 권 출간했고 매달 200~300만 원대의 수익을 창출하고 있다고 합니다. 블로그와 강의를 연계해서 자기만의 수익을 만들고 있는 그녀는 '50대는 끝이 아니라 시작'이라는 메시지를 몸소 보여준 사례라고 할 수 있습니다.

MZ세대 디자이너 출신 이모티콘 작가 김나무의 사례 또한 N잡러의 성공을 잘 보여주고 있습니다. 화장품 회사 디자이너 출신인 김나무 작가는 회사생활이 답답해 퇴사했고, 막연하게 '그냥 해보자'란 마음으로 카카오톡 이모티콘 제작에 도전했다고 합니다. 데뷔작 '목이 길어 슬픈 짐승'이 인기를 끌면서 첫 달 수익이 1억 2천만 원, 연 매출 5억 원까지 기록했다 하니 입이 벌어질 정도인데요. "한 번 승인된 이모티콘은 연금처럼 계속 수익이 난다"고도 이야기합니다. 해당 사례는 진심을 갖고 도전하면 콘텐츠 N잡으로 충분히 성공할 수 있다는 것을 보여주고 있습니다.

이들 N잡러들의 사례는 이제 한 가지 직업으로 평생을 살아간다는 말이 더 이상 현실적이지 않음을 보여주고 있습니다. 오히려 여러 가지 일을 하면서 '내가 잘하는 것', '내가 좋아하는 것', '내가 필요로 하는 것'

을 조합하며 살아가는 게 더 보편적인 경로가 되고 있습니다.

〈하버드 비즈니스 리뷰〉는 2022년 '포트폴리오 커리어의 시대(The Age of Portfolio Careers)'라는 아티클에서 이렇게 정리하고 있습니다.

"사람들은 더 이상 한 가지 직업으로 자신을 설명하지 않는다. 여러 활동의 조합이 그 사람의 정체성을 형성한다."

이 말은 단순히 부업을 뜻하는 것이 아닙니다. 오히려 다양한 일의 경험이 나의 경력과 전문성을 확장하는 방식으로 연결된다는 뜻입니다. 하나의 수입원에만 의존하는 것이 오히려 더 위험한 시대가 되었다고 할 수 있습니다.

아이들의 미래는 한 가지가 아니다

그렇다면 우리 아이들은 어떤 세상을 살아가게 될까요? 세계경제포럼은 2030년까지 전체 일자리의 50%가 직무(Job) 단위가 아닌 과업(Task) 단위로 쪼개지고, 다양한 프로젝트 단위로 일하게 될 것이라 말합니다. 즉 아이들이 한 가지 직업을 갖는 시대는 이제 끝났습니다. 앞으로는 자신의 스킬을 중심으로 여러 프로젝트에 참여하거나, 새로운 기회를 스스로 만들어 내는 사람이 되어야 하는 시대인 것입니다. "한 우물만 파지 않아도 돼!" 부모 입장에서는 이런 말을 하는 게 처음에는 불안할 수도 있습니다. "하나라도 제대로 해야지, 여러 개 하면 다 어중간해지지 않을까?" 하지만 지금은 '하나만 잘하는 시대'보다 '여러 가지를 유연하게 조합할 수 있는 능력'이 더 중요한 시대가 되어 가고 있습니다.

우리 아이가 어떤 일을 하더라도, 거기에 이야기와 의미를 덧붙일 수 있다면 그것은 아이에게 훌륭한 커리어가 될 수 있습니다. 글을 잘 쓰는 아이는 글을 쓰면서 번역도 해보고, 뉴스레터도 발행해 보고, 디지털 콘텐츠로까지 확장할 수 있습니다. 이런 하나하나의 활동들이 결국 그 아이만의 포트폴리오 커리어를 만들어줍니다.

앞으로 우리 아이들이 살아갈 세상에서는 '무엇이 되느냐(어떤 직업을 갖느냐)'보다 '어떤 일을 어떻게 조합하며 살아가느냐'가 핵심이 될 것이라고 전문가들은 말합니다. 정규직으로 한 군데 소속되어 일하기보다는 자신의 역량을 중심으로 여러 프로젝트에 참여하거나 필요할 때 새로운 일을 스스로 만들어 내는 사람들이 주도적인 역할을 하게 된다는 뜻입니다. 즉 우리 아이들이 커서 한 가지 직업만 갖는 시대는 이미 지나고 있습니다. 오히려 끊임없이 배우고 적응하면서 여러 직업과 역할을 유연하게 조합해 나가는 능력이 요구될 것입니다. 아이들이 장차 살아갈 사회에서는 한 가지 일에만 매달리는 것보다 다양한 경험과 스킬을 바탕으로 새로운 기회를 창출하는 사람이 성공할 가능성이 높습니다.

직업이라는 개념은 점점 더 유연해지고 있고, 우리가 알던 정규직이나 정년, 전공의 벽은 점차 얇아지고 있습니다. 한 가지 전공을 살려 한 회사에 들어가 평생 일하는 경로만이 정답이 아닌 시대가 온 것이죠.

N잡러로 산다는 것은 단지 생계를 위한 고육지책이 아니라, 미래 사회에서는 오히려 더 당연해질 방식입니다. 다양한 일을 두려워하지 않고 시도해 보는 아이, 실패해도 다시 도전하는 아이, 그리고 그 경험을 바탕으로 자신만의 이야기를 만들어가는 아이가 바로 앞으로의 시대를 이끌어갈 것입니다. 부모로서 우리가 해줄 수 있는 일은, 우리 아이가 그런 다양한 일들을 마음껏 탐색할 수 있도록 옆에서 격려하고 응원해 주는 것이 될 것입니다.

출근하지 않는 삶을 누리는 프리랜서와 긱워커들

프리랜서와 긱워커의 시대가 왔다!

"회사 안 다녀요?" 요즘 이런 질문에 "네, 프리랜서로 일해요"라고 답하는 사람이 부쩍 늘었습니다. 매일 아침 정해진 시간에 정해진 사무실로 출근하지 않고도 자신의 일을 해 나가는 이들이 주변에서 흔해졌죠.

30대 개발자 김모 씨는 코로나19 팬데믹 이후 회사를 그만두고 프리랜서로 전향했습니다. 그는 "굳이 지하철 러시아워에 시달리지 않아도 되고, 카페든 집이든 내가 선택한 장소에서 일하니 오히려 효율도 높아졌다"고 말합니다. 이처럼 출근하지 않는 삶을 누리는 사람들이 늘어나며, 전통적인 직장인의 풍경이 빠르게 바뀌고 있습니다. 이들을 가리켜 흔히 프리랜서(Freelancer) 또는 긱워커(Gig worker)라 부릅니다.

프리랜서는 특정 회사에 정규직으로 소속되지 않고 프로젝트 단위로 일하거나, 여러 클라이언트를 상대로 전문 서비스를 제공하는 독립 노동자를 말합니다. 긱워커는 우버나 배달 앱처럼 디지털 플랫폼을 통해 단기 계약이나 일회성 업무(Gig)를 수행하는 사람들을 이르는 말이죠.

IT 개발자 이현수 씨는 본업 없이 오롯이 글로벌 채용 플랫폼(Upwork, Freelancer.com 등)을 통해 앱 개발 프로젝트를 수주해 전 세계 클라이언트와 협업합니다. 한 달에 3~4건 웹사이트나 앱 구축 관련 의뢰를 받고 있으며, 카페나 집, 여행지 등 장소에 제약 없이 일하면서 고수익을 올리고 있습니다. 프리랜서 번역가 김수정 씨는 업워크 플랫폼에서 의학, 법률 번역 등 전문 분야 프로젝트를 유치하여 최신 번역 도구와 원격 협업 시스템으로 고수익을 창출하고 있습니다.

모 일간지에서는 서울에 거주하는 30대 직장인이 평일엔 사무직으로 일하다가 퇴근 후 우버 드라이버와 배민커넥트 도보 배달원으로 활동하는 사례를 소개한 적이 있습니다. 그는 "하루는 우버 기사, 다음 날은 배달 아르바이트를 병행하며 수입을 분산시켜 생활의 여유도 즐기고 있다"고 밝혔습니다.

예전에는 이런 형태의 일이 드물게 느껴졌지만, 이제는 9시 출근 6시 퇴근의 정규직 출근이 아니라 여러 일을 독립적으로 병행하는 모습이 점점 흔한 풍경이 되고 있습니다.

직장인, 프리랜서, 긱워커의 차이를 정리해 보면, 직장인은 회사와 근로계약을 맺고 정해진 조직에 소속되어 일합니다. 정규직, 계약직 등 다양한 형태가 있지만, 기본적으로 한 조직에 소속되어 있는 것이 특징이죠. 반면 프리랜서는 특정 회사에 소속되지 않고, 프로젝트별 또는 계약별로 독립적으로 일합니다. 자신이 원하는 일을 선택할 수 있고, 여러 고객과 동시에 일할 수도 있습니다. 긱워커는 플랫폼(앱, 웹사이트 등)을 통해 단기 또는 일회성 업무를 수행합니다. 특정 회사에 소속되지 않고 필요할 때 원하는 만큼만 일할 수 있는 것이죠. 대표적으로 배달, 운전, 디자인 등 다양한 분야가 있습니다.

직장인, 프리랜서, 긱워커의 특성은 다음의 표와 같이 정리해 볼 수 있습니다. 가장 유연하고 자유롭게 근무할 수 있는 것이 긱워커이고, 직장인은 자유도와 유연성에서 한계를 지니고 있지만 안정적인 소득이 있다는 장점이 있겠죠.

[표 1] 직장인, 프리랜서 및 긱워커의 특성

구분	소속	업무 선택권	근무시간/장소	소득 구조	특징
직장인	회사	낮음	고정	고정 월급	안정성, 조직 지원
프리랜서	없음	높음	자유	프로젝트별 전문성	자기관리 필요
긱워커	없음(플랫폼)	매우 높음	매우 자유	일회성/단기	초단기, 다양한 경험

점점 더 확장되고 있는 프리랜서와 긱워커의 세계

노동시장에서 프리랜서와 긱워커의 비중은 점점 더 확장되고 있습니다. 출발점이 된 배경으로는 코로나19 팬데믹을 꼽을 수 있는데요. 인터넷과 클라우드 기술 덕분에 집이나 카페에서도 회사 못지않게 협업하고 업무를 볼 수 있는 시대가 되었죠. 줌(Zoom)으로 화상회의를 하고 슬랙(Slack)으로 소통하면 사무실에 모이지 않아도 업무를 효율적으로 진행할 수 있습니다. 코로나19 팬데믹을 거치며 많은 기업들이 재택근무와 하이브리드 근무(사무실과 재택근무를 혼합하는 형태)를 도입했고, 그 결과 '꼭 출근하지 않아도 업무가 가능하다'는 인식이 퍼졌습니다. 이러한 흐름은 '출근하지 않고도 충분히 성과를 낼 수 있다'는 생각을 갖게 했고, 개인도 회사 바깥에서 스스로 일거리를 찾는 데 주저함이 없어졌습니다.

2024년 미국의 여론조사 기업 갤럽(Gallup)의 조사에 따르면, 재택 가능한 직종 26%가 완전 원격, 54%가 혼합(하이브리드) 근무를 시행하고 있으며, 전일 사무실 출근 비율은 20%에 불과합니다. 〈비즈니스 인사이더〉의 2024년 연구에 따르면, Z세대의 52%, 밀레니얼세대의 46%가 최근 1년 내 프리랜서 경험이 있다고 답했습니다. 이러한 상황이라면 2027년에는 미국 노동자의 절반 이상이 프리랜서가 될 전망이라고 합니다.

긱워커도 지속적으로 확장되고 있습니다. 전 세계적으로도 온라인 플랫폼을 통한 긱워커가 전체 노동력의 최대 12%에 달한다는 세계은행의 통계가 이를 잘 보여주고 있습니다. 우리나라 역시 예외는 아니어서 플랫폼 노동 종사자가 약 100만 명에 달하며 최근 2년간 30% 이상 급증했다고 합니다.

이렇게 프리랜서와 긱워커가 증가하는 데는 크게 세 가지 이유가 있습니다. 첫 번째는 노동시장의 유연성 확대입니다. 기업들은 급변하는 시장 환경에 빠르게 대응하기 위해 유동적인 인력 운용을 선호하게 되었습니다. 프로젝트 단위로 필요한 전문 인력을 외부에서 조달하는 것이 비용적으로 효율적일 뿐만 아니라 특정 업무에 최적화된 인재를 즉시 확보할 수 있기 때문입니다. 글로벌 회계법인 딜로이트(Deloitte)가 발표한 〈2024 글로벌 인적 자본 트렌드〉에 의하면 전 세계 기업의 70% 이상이 유연한 인력 운영 모델을 적극적으로 도입하고 있으며, 이 중 약 40%는 프리랜서 및 긱워커 활용을 늘릴 계획이라고 밝혔습니다.

두 번째는 디지털 플랫폼의 발달입니다. 탈잉, 크몽, 숨고와 같은 국내 플랫폼을 비롯해 업워크, 파이버(Fiverr)와 같은 글로벌 플랫폼들이 활성화되면서, 프리랜서들은 자신의 기술과 서비스를 필요한 기업이나 개인에게 손쉽게 제공할 수 있게 되었습니다. 이 같은 디지털 플랫폼은 개인에게는 일감 확보의 기회를, 기업에게는 인재 탐색의 효율성을 제공하며 긱경제 생태계를 확장하고 있습니다.

세 번째는 개인의 주도적인 삶에 대한 욕구 증대입니다. MZ세대를 중심으로 워라밸(일과 삶의 균형)을 넘어 '개인의 삶 우선'이라는 가치관이 확산되면서, 고정된 직장 생활보다는 유연하게 시간을 활용하고 자신의 관심사에 따라 일하고 싶은 욕구가 커졌습니다. 취업포털 인크루트(Incruit)의 설문조사에 의하면 2030세대 직장인의 60% 이상이 "기회가 된다면 프리랜서 또는 긱워커로 전향하고 싶다"고 응답했으며, 그 이유로는 업무 자율성, 시간 활용의 자유, 다양한 경험 등을 꼽았습니다. 이는 단순히 돈을 버는 것을 넘어 일의 방식을 스스로 선택하고 삶의 만족도를 높이려는 경향이 강해지고 있음을 보여줍니다.

여기에 더해 디지털 노마드란 새로운 업무 방식도 생겨나고 있습니다. 디지털 노마드란 인터넷만 연결되면 업무가 가능하기 때문에 여행자처럼 떠돌아다니며 일하는 사람들인데, 이러한 인구가 코로나19 팬데믹 이후 폭발적으로 증가했죠. 2023년 무려 58개 국가가 외국인 원격 근무자를 유치하기 위한 디지털 노마드 비자를 도입했을 정도입니다. 이는 곧 세계 각국 정부와 기업도 출근하지 않는 노동자들의 등장을 기정사실로 받아들이고 이에 대응하고 있다는 뜻입니다. 실제 기업들도 필요한 인재를 반드시 정규직 채용으로만 구성하지 않고, 프리랜서 풀을 활용해 유연하게 프로젝트를 수행하는 경우가 늘었습니다. 기업들 입장에서는 정규직 채용으로 인한 고정비를 줄이고 일에 따라 인재들을 유연하게 채용하고 활용할 수 있다는 점에서 프리랜서와 긱워커의 활용은 큰 매력으로 다가오는 것이 사실입니다.

프리랜서와 긱워커가 일하는 방식

그럼 프리랜서와 긱워커는 과연 어떻게 일하고 있을까요? 그들의 자유로운 삶에는 책임도 따릅니다. 회사 울타리가 없는 프리랜서와 긱워커들은 자유로운 대신 불안정성을 스스로 관리해야 하는 것이죠. 예를 들어 수입이 규칙적이지 않고 건강보험이나 연금 같은 복지 혜택도 스스로 알아서 해결해야 합니다. 실제 영국 정부 조사에서 긱워커들의 가장 큰 어려움은 사회보험 등 복지 혜택 부족과 수입의 불안정이었다고 합니다.

프리랜서와 긱워커는 다양한 형태로 우리 주변에 존재합니다. 소프트웨어 개발자가 대표적인데요. 이들은 특정 IT 기업에 소속되지 않고 프로젝트 단위로 계약을 맺어 앱 개발이나 웹사이트 구축, 시스템 설계 등의 업무를 수행합니다. 이들은 자유로운 작업 환경에서 최신 기술을 습득하고, 다양한 프로젝트 경험을 통해 전문성을 빠르게 확장해 나갑니다.

또한 콘텐츠 제작 분야에서도 프리랜서와 긱워커의 활약이 두드러집니다. 영상 편집자, 웹툰 작가, 번역가, 온라인 강사 등이 대표적인데요. 이들은 자신의 콘텐츠를 직접 기획·제작하여 온라인 플랫폼을 통해 유통하거나, 기업의 의뢰를 받아 특정 콘텐츠를 만들어줍니다. 한국콘텐츠진흥원의 〈콘텐츠 산업 동향 보고서〉에서는 1인 미디어 콘텐츠 제작자 중 긱워커 비중이 전체의 45%에 달한다고 밝혔습니다. 이들은 유연한 업무 방식으로 다양한 클라이언트와 협업하며 자신만의 포트폴리오를 쌓아가고 있습니다.

이 외에도 배달 라이더, 대리운전 기사와 같은 플랫폼 기반의 긱워커들 역시 경제 활동의 중요한 축을 이루고 있습니다. 이들은 스마트폰 앱을 통해 실시간으로 일을 받아 수행하며, 필요한 시간만큼만 일하고 수입을 얻는 방식으로 생계를 유지합니다. 플랫폼 기반 긱워커의 수는 지속적으로 증가하고 있으며, 특히 청년층과 고령층에서 활발하게 활동하고 있습니다.

이처럼 프리랜서와 긱워커는 고정된 직장이라는 틀에서 벗어나 자신의 전문성과 시간 활용의 자율성을 극대화하며 새로운 형태의 노동시장을 만들어가고 있습니다. 이는 개개인이 주체적으로 자신의 커리어를 설계하고, 일과 삶의 균형을 찾아가는 새로운 시대의 흐름을 반영하고 있습니다.

출근하지 않는 세상의 우리 아이들

프리랜서로 일하고 있는 김모 씨는 프리랜서 일에 대해 이렇게 말합니다. "처음에는 일거리나 소득이 불규칙해 마음고생을 좀 했다"고 말이죠. 그럼에도 불구하고 그는 "정규직의 안정성보다 자유가 주는 만족이 크다"고 말합니다.

일이 있을 때는 몰아서 하고 필요할 때 쉬면서 자기 시간을 가질 수 있다는 점에서 일과 삶의 균형을 찾기 쉽다는 것이죠. 어떤 이들은 회사 한 곳에 묶여 있는 것보다 여러 곳에 수입원을 분산하는 편이 오히려 안정적이라고 느끼기도 합니다.

이처럼 프리랜서와 긱워커들은 스스로의 선택과 노력으로 리스크를 관리하며, 자유와 안정의 새로운 균형점을 찾아가고 있습니다. 그럼 앞으로의 일자리 풍경은 어떻게 변할까요?

많은 전문가들은 프리랜서와 긱경제가 일시적인 유행이 아니라 돌이킬 수 없는 큰 흐름이라고 말합니다. 직장 생활의 표준이던 한 직장 정규직 모델이 점차 희미해지고, 대신 유연하고 분산된 경력이 새로운 표준으로 자리 잡을 것이라는 전망인 것이죠. 우리 아이들이 성인이 될 때쯤에는 한 곳에 소속되어 평생 일하기보다 필요에 따라 여러 조직과 계약을 맺고 자신의 기술로 자기만의 커리어를 만들어가는 것이 당연해질 가능성이 높습니다. 중요한 것은 어떤 형태로 일하든 스스로를 관리하는 자기주도성과 평생학습 능력일 것입니다. 앞으로는 일자리의 경계가 유연해진 사회에서 스스로 기회를 찾아 움직이는 사람이 성공할 거예요. 부모로서도 변화하는 흐름을 긍정적으로 받아들이고, 아이가 장차 어떤 길이든 주도적으로 개척해 나갈 수 있도록 열린 마음으로 지지해주어야 할 것입니다.

의미 있는 삶을 향해: 직업보다 의미 있는 삶을 향하는 요즘 세대

의미 있는 일을 추구하는 세대의 등장

"돈은 많이 벌지만 의미 없는 일 vs 적게 벌지만 의미 있는 일, 당신은 어느 쪽을 선택하겠습니까?" 과거 세대라면 전자를 선택하는 비율이 많을 것입니다. 하지만 지금의 MZ세대는 다릅니다. 딜로이트가 2024년 전 세계 44개국 2만 2,800명을 대상으로 실시한 조사에 따르면 Z세대의 86%, 밀레니얼세대의 89%가 "일에서 목적 의식을 갖는 것이 직장 만족도와 웰빙에 매우 중요하다"고 답합니다.

대학 재학 중 캡스톤 디자인 프로젝트를 통해 사회 문제에 눈뜨게 된 20대 청년 윤지현 씨는 청각장애인 친구들과의 소통 경험을 계기로, '왜 청각장애 학생들은 수업시간에 실시간으로 소리를 읽지 못할까?'라는 문제의식을 갖게 되었습니다. 그 고민은 졸업 후 본격적인 창업으로 이어졌고, 이후 음성을 문자로 자동으로 바꿔주는 AI 기반 자막 솔루션 Sovoro(소보로, 소리를 보는 통로)를 개발하게 됩니다. 이 기술은 수업 중 선생님의 말이나 친구들의 대화 내용을 실시간 자막처럼 시각화해 청각장애 학생이 교실 안에서 보다 온전하게 학습에 참여할 수 있도록 도와줍니다. 기존의 고가 자막 시스템과 달리, 소보르는 일반 태블릿이나 노트북에서도 쉽게 사용 가능한 솔루션이라는 점이 접근성과 실용성 면에서 큰 주목을 받았습니다. 윤지현 대표는 한 언론과의 인터뷰에서 이렇게 말했습니다.

"서비스를 제공했을 때 그걸로 일상생활에 도움이 된다고 하는 분들이 있으면 그게 창업의 가장 큰 보람 중 하나인 것 같아요."

그가 개발한 소보로는 현재 600곳 이상의 학교, 공공기관, 기업 현장에 보급되어 활용되고 있으며, 사회적 기업과 교육부의 협업 모델로도 확장되고 있습니다. 단순히 창업이 아니라 기술로 소외된 이들의 삶에 실질적인 변화를 가져다주었다는 점에서 큰 울림을 전하고 있습니다.

윤지현 대표의 사례는 요즘 시대를 살아가는 이들이 일이나 직업을 어떻게 바라보는지 그 관점을 잘 보여주고 있습니다. 단순히 높은 연봉이나 안정적인 직업보다 '나만의 이야기'와 '의미'를 담은 일을 찾고 있는 것이죠. 실제로 딜로이트의 조사에서 Z세대의 50%, 밀레니얼세대의 43%가 개인 윤리나 신념에 어긋나는 업무나 프로젝트를 거부한 적이 있다고 응답했습니다. 이런 변화는 우리나라도 예외가 아닙니다. 우리나라의 MZ세대 역시 직업의 목적의식과 직무 만족도 간 연관성을 강하게 인식하고 있으며, 특히 환경 보호나 사회적 가치에 부합하는 일을 추구하는 경향이 뚜렷합니다. MZ세대에게 일은 그저 돈벌이 수단이 아니라 내가 사회에 기여하고 내 삶의 의미를 찾는 가치로서의 역할을 하는 것이죠.

의미 추구가 직업 선택의 핵심기준이 되다

'아침 9시부터 저녁 6시까지 일하고, 퇴근 후엔 완전히 일을 잊는다'는 전통적인 워라밸에서 벗어나 워라블(Work-Life Blending)이라는 새로운 트렌드가 등장하고 있습니다. 워라블은 일과 삶을 엄격히 구분하지 않고, 하루 종일 유연하게 섞어가며 살아가는 방식을 의미합니다. 예를 들어 오전에는 집에서 원격으로 일하다가 오후에는 아이와 시간을 보내고, 저녁에는 다시 일을 하는 방식으로 자신의 리듬에 맞춰 일과 삶을 조화시키는 것입니다.

이런 변화는 코로나19 팬데믹 이후 재택근무 문화가 정착되면서 더욱 가속화되었습니다. 일과 삶의 물리적 공간이 섞이면서, 즉 재택근무 환경에서 일과 삶의 공간이 동일한 경험을 하게 되었고 자연스럽게 일과 삶의 경계도 유연해진 것입니다.

요즘 세대들에게는 '좋은 직장'의 기준이 완전히 바뀌고 있습니다. 과거에는 대기업, 공무원, 전문직 등 사회적 지위와 안정성이 우선이었다면, 지금은 '내가 하는 일이 세상에 어떤 의미를 가지는가'가 더욱 중요한 기준이 되고 있습니다. 단순히 돈을 벌기 위한 일이 아니라, 사회에 긍정적인 영향을 미치는 일을 통해 자신의 존재 의미를 찾고 싶어 하는 것입니다.

이러한 변화는 기업들에게도 새로운 과제를 안겨주었습니다. 단순히 좋은 연봉과 복지만으로는 으수한 인재를 유치하기 어려워졌습니다. 기업의 사회적 역할과 의미, 그리고 직원 개개인이 그 안에서 발견할 수 있는 가치가 더욱 중요해진 것이죠. 세대별 가치관 조사에서 Z세대는 인권/평등(43.3%)을 가장 중요한 가치로 꼽았고, 후기 밀레니얼세대는 노동/근로(45.0%)를 최우선 가치로 선택했다는 조사 결과도 이를 잘 보여주고 있습니다.

주목할 점은 이들이 노동을 단순한 생계 수단이 아니라 자아실현의 도구로 인식하고 있다는 것입니다. 일을 통해 자신의 정체성을 확립하고 사회에 기여하며 개인적 성장을 이루려는 욕구가 강합니다. 이러한 변화는 글로벌 트렌드와도 일치합니다. 세계경제포럼의 보고서에 따르면 젊은 세대들이 '의미 있는 일(meaningful work)'을 추구하는 현상이 전 세계적으로 나타나고 있으며, 이는 단순한 트렌드가 아니라 노동시장의 구조적 변화를 이끄는 핵심동력이 되고 있습니다.

직업 대신 나의 가치를 찾는 아이들

이제는 "어떤 직업을 가질까?"보다 "내가 해결하고 싶은 문제는 무엇일까?", "세상에 어떤 가치를 만들고 싶은가?"를 묻는 진로지도가 중요해지고 있습니다. 예컨대 환경을 지키고 싶은 아이는 환경공학자, 환경 콘텐츠 크리에이터, 친환경 스타트업 창업자 등 다양한 길을 상상할 수 있습니다. 이처럼 직업 중심에서 미션 중심으로 전환된 진로탐색은, 특히 알파세대를 중심으로 확산되고 있습니다.

캐나다 퓨처워크연구소의 조사에 의하면 알파세대의 67%가 "나는 무엇이 되고 싶은지보다는 어떤 가치를 실현하고 싶은지가 더 중요하다"고 응답했습니다. 또 다른 조사에서 우리나라 30대 직장인들은 자기계발과 커리어 발전 욕구가 강하며, 단순히 돈을 많이 버는 것보다 자신이 지속적으로 성장하고 발전할 수 있는 환경을 더욱 중시하고 있다는 응답도 많았습니다. 이들에게 성공은 결과가 아니라 과정입니다. 매일 조금씩 나아지는 자신을 발견하고, 자신의 일이 누군가에게 의미 있는 변화를 가져다주며, 그 과정에서 자아실현을 이루는 것이 진정한 성공이라고 여깁니다.

그렇다면 우리 아이들이 살아갈 미래의 일터는 어떨까요? 아마 좋은 직업의 기준이 과거와는 많이 다를 것입니다. 아이들은 돈이나 명함의 무게보다는, 자기 자신이 행복하고 의미를 느끼는 일을 찾을 가능성이 높습니다. 한 곳에 오래 다니는 안정성보다 다양한 경험을 통해 자신이 가치를 두는 삶을 개척하려 할 거예요. 직업을 선택할 때도 ‘내가 진짜 원하는 삶에 이 일이 어떤 의미를 가지는가’를 가장 중요한 기준으로 삼을지 모릅니다. 부모 입장에서는 다소 불안정해 보일 수도 있지만, 이것이 바로 새로운 세대의 솔직한 삶의 방식입니다. 결국 자신이 행복하고 세상에 보탬이 되는 일을 찾아 나서는 것이 우리 아이 세대의 경력관인 것이죠. 앞으로는 안정적인 직장인보다는 주도적으로 자기 인생의 의미를 찾아 나서는 사람이 성공하는 사회가 될 가능성이 큽니다. 부모로서 우리는 이런 변화를 긍정적으로 받아들이고 길을 열어주는 것이 중요할 것입니다.

우리 아이들이 성인이 될 때쯤에는 지금보다 더욱 ‘의미 중심’의 사회가 될 것입니다. AI가 단순 반복 업무를 대체하면서 사람만이 할 수 있는 창의적이고 의미 있는 일의 가치는 더욱 높아질 것입니다. 따라서 부모로서 우리가 아이들에게 물려줄 수 있는 가장 큰 자산은 ‘내가 무엇을 좋아하는지, 무엇을 잘하는지, 그리고 그것이 세상에 어떤 의미를 가져다줄 수 있는지’를 스스로 찾아갈 수 있도록 하는 능력입니다.

결국 의미 있는 삶을 향한 이들의 추구는 단순한 세대적 특징이 아니라, 앞으로 우리 사회가 나아가야 할 방향을 보여주는 중요한 신호입니다. 아이들이 자신만의 의기를 찾고, 그것을 바탕으로 세상에 기여하며 살아갈 수 있도록 격려하고 지지하는 것이 미래 세대를 위한 우리 부모의 역할이 될 것입니다.

제 3 장

Artificial Intelligence

AI시대, 우리 아이를 위한 진로교육 가이드

진로교육의 출발: 나와는 다른 삶을 사는 우리 아이들

과거와 전혀 다른 우리 아이들의 세상

가상의 사례 하나를 들어보겠습니다.

50대 중반의 직장인 김영호 씨는 전형적인 부모세대의 길을 걸어왔습니다. 김씨는 학창 시절 대학만 잘 가면 인생이 편안하다는 말을 듣고 자랐고, 실제로 열심히 공부해 좋은 대학을 졸업한 뒤 대기업에 입사했습니다. 입사 후 성실히 근무해 한 회사에서만 25년째 일하고 있는 그는, 자신처럼 안정적인 대기업 정규직을 자녀에게도 물려주고 싶습니다. 아들 민수가 중학생이 되었을 때부터 김씨는 좋은 고등학교, 좋은 대학을 나와서 너도 아빠처럼 대기업 다니면 걱정 없겠다는 말을 입버릇처럼 했습니다.

그러나 아들 민수의 진로여정은 아버지의 예상과 사뭇 다르게 전개됩니다. 민수는 괜찮은 성적으로 대학에 입학했지만, 재학 중 앱 개발 동아리 활동에 푹 빠졌습니다. 학과 공부뿐 아니라 온라인 강좌와 커뮤니티를 통해 따로 익힌 프로그래밍 실력으로 소소한 고바일 앱들을 만들어 보던 민수는, 대학 3학년 때부터는 프리랜서 앱 개발자로 용돈을 벌기 시작했습니다. 한 중소기업의 앱 프로젝트를 외주로 받아 밤새워 코딩하는 아들을 보며 김영호 씨는 내심 걱정이 되었습니다. 취업 준비가 중요한 시기에 다른 일을 하고 있다는 사실이 걱정된 것이죠. 하지만 민수는 오히려 대학 졸업을 앞두고 취업 대신 창업을 선택했습니다. 학교 친구 두세 명과 함께 스타트업 팀을 꾸려 AI 기반 모바일 서비스를 개발해 보기로 한 것입니다. 김씨 부부는 처음엔 크게 당황했습니다. 안정적인 월급도 없고, 사회적 지위도 불투명해 보이는 길을 가려는 아들이 못내 불안했습니다. 하지만 창업에 뛰어든 민수는 예상과 달리 즐겁고 적극적으로 자신의 일을 개척해 나갔습니다.

몇 년 사이 민수는 크고 작은 프로젝트 계약을 통해 꾸준히 수입을 올렸고, 팀원들과 만든 서비스의 사용자 수도 점차 늘려갔습니다. 어느덧 김영호 씨도 아들의 일을 진지하게 바라보게 되었습니다. 처음엔 대기업 정직원도 아닌데 얼마나 벌겠냐 생각했지만, 민수가 프로젝트를 완수하고 받는 보수가 직장인의 연봉 못지않다는 사실에 깜짝 놀라기도 했습니다. 이제 김씨는 아들이 비록 자신과 다른 길을 걷고 있지만, 스스로 미래를 개척해 나갈 능력을 갖췄음을 인정하게 되었습니다. 민수는 후회 없냐는 아빠의 말에 "아빠, 요즘 대기업에 들어갔다고 평생직장이 보장되는 건 아니잖아요. 대신 저는 제 힘으로 언제든 새로운 일에 도전할 수 있는 실력을 키우고 있다고 생각해요. 힘들어도 재밌고 보람 있어요."

김영호 씨는 부모세대에는 낯설 수 있는 프리랜서, 스타트업, 끊임없는 직무 전환이 자녀세대에게는 오히려 자연스러운 경력 경로가 되고 있음을 깨달았습니다. 그리고 자신과는 다른 삶을 살아갈 아이들의 새로운 경력 경로를 응원해주기로 했습니다.

부모세대에게는 대학 입학 시험에 최선을 다해 명문대학에 입학하고, 졸업 후 안정적인 대기업이나 공공기관에 취직하는 것이 성공의 보증수표처럼 받아들여졌습니다. 실제로 한 직장에서 평생 일하며 은퇴까지 안정적으로 커리어를 이어간 부모들도 많을 것입니다. 그러나 이제 이러한 공식이 흔들리고 있습니다. 빠르게 변하는 사회 구조와 기술 혁신으로 인해, 학력과 스펙만으로 평생직장을 보장받는 시대는 저물어가고 있습니다.

변화의 징후는 곳곳에서 포착됩니다. 세계경제포럼은 "우리 부모세대가 평생 한 직장을 다녔다면, 우리 세대는 여러 직업을 경험했고 자녀세대는 아예 동시에 여러 일을 수행하게 될지도 모른다"고 말합니다. 즉

한 사람이 평생 다양한 직업과 경력을 거치게 될 것이라 전망합니다.

미래의 일하는 방식: 직무 중심에서 업무 중심으로

우리 아이들은 지금 또는 과거와는 다른 업무 환경에서 일할 것이 분명합니다. 미래의 일하는 방식과 일자리 환경 변화의 큰 흐름은 직무(Job) 중심에서 업무(Work) 중심으로 변화한다는 것입니다.

과거에는 한 사람이 정해진 직무를 가지고 그 틀 안에서 오랫동안 일하는 것이 보통이었지만, 현재의 기업들은 급변하는 사업 환경에 대응하기 위해 필요에 따라 사람들을 재배치하고 프로젝트 단위로 팀을 꾸리는 방식을 채택하고 있습니다. 다시 말해, 직무 중심에서 업무 중심으로 패러다임이 이동하고 있는 것입니다. 왜 이런 변화가 필요할까요?

기술 변화와 시장 트렌드가 워낙 빠르게 변하다 보니 몇 년마다 어떤

[표 2] 미래의 일자리 환경 변화

직무 중심	업무 중심
• 고정된 직무 단위	• 유연한 과업(Task) 단위
• 정규직 위주의 고용	• 프리랜서, 긱워커 등 다양한 고용구조
• 전통적 조직 구조(피라미드)	• 프로젝트형 조직
• 과거 경험 중심 채용	• 현재 능력(보유 스킬) 중심
• 직무 단위의 경력 경로	• 스킬 단위의 경력 경로

일거리는 사라지고 새로운 일거리가 생겨나는 상황이 반복되고 있습니다. 전통적인 직무 체계에서는 이러한 변화를 따라가기가 어렵습니다. 한 직무에 묶여 있으면 새로운 과업이 나타날 때 빠르게 대응하기 힘들고, 반대로 변화로 인해 기존 직무의 일부 업무는 쓸모 없어지는 상황이 벌어집니다. 결국 기업 입장에서는 애초에 세분화된 일의 단위로 접근해서 필요한 기술을 가진 사람을 유연하게 투입하는 편이 효율적입니다. 예를 들어 과거에는 마케팅 부서 사원으로 채용해 고정된 역할을 맡겼다면, 이제는 콘텐츠 기획 능력과 데이터 분석 스킬을 지닌 인재를 찾아 여러 프로젝트에 투입하는 방식으로 직원을 활용하고 있습니다.

회사 내부에서도 구성원들이 고정된 부서 경계를 넘어 내부 프리랜서처럼 여러 부서의 프로젝트에 참여하는 사례가 늘고 있습니다. 과거에는 정규직과 비정규직의 이분법이 뚜렷했지만, 이제는 계약직, 파견직, 단시간 근로, 재택 원격근무, 시간제, 단기프로젝트 계약 등 수많은 형태의 고용이 공존합니다. 기업은 필요한 기술을 가진 인재를 필요한 기간만큼 활용하고, 근로자도 자신의 선호에 맞게 시간과 장소를 선택하는 경향이 강해지고 있습니다.

대부분의 직업은 비교적 명확한 구조를 갖고 있었습니다. 하나의 직무가 하나의 부서에 소속되고, 그 직무에 맞는 사람을 정규직으로 채용하는 전통적인 방식이었죠. 이처럼 정해진 틀 안에서 맡은 역할을 수행하는 구조는 오랫동안 기업의 기본 틀이 되어 왔습니다.

〈그림 9〉는 직무 중심 조직 구조의 대표적인 모습입니다. 위에서 아래로 이어지는 정적인 피라미드 구조, 그 안에 자리 잡은 각각의 직무들

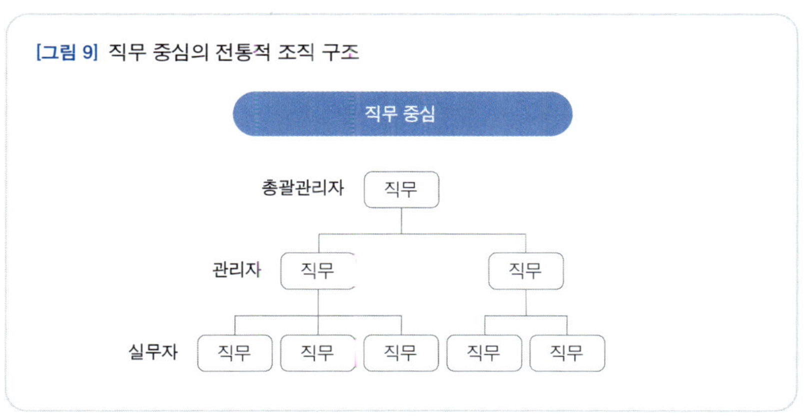

[그림 9] 직무 중심의 전통적 조직 구조

[그림 10] 업무 중심의 유연한 조직 구조

이 보입니다. 우리 세대가 몸담았던 기업은 바로 이런 모습이었습니다.

하지만 최근 몇 년 사이 이 고정된 구조에 균열이 생기기 시작했습니다. 그리고 그 변화의 중심에는 업무 중심 조직 구조, 다시 말해 과업 중심의 유연한 업무 구조가 자리하고 있습니다. 다양한 업무들을 다양하게 구성된 주체들(솔로프리너, 긱워커, 프리랜서, 재택근무자, 크리에이터 등)이 참여해 네트워크 형식으로 일을 해결하는 방식입니다.

〈그림 10〉은 이를 잘 보여주고 있습니다. 피라미드 형태의 과거 조직에 비해 유연한 과업 단위, 다양한 업무 주체들의 참여, 유연한 조직 구조를 보여주는 것이 특징입니다. 즉 업무나 과업 단위로 나누어 유연하게 구성된 구조를 의미하는 것이죠. 이런 조직에서는 프로젝트별로 팀이 바뀌기도 하고, 프리랜서나 계약직, 외부 전문가 등이 협업하는 경우가 자연스럽습니다.

부모세대와는 다른 진로의 의미

우리 세대에게 진로란 보통 하나의 직업이었습니다. 교사, 의사, 공무원처럼 한 번 선택하면 평생 유지되는, 그리고 안정적이라는 개념이 가장 중요했던 시기였습니다. 그래서 진로교육도 그에 맞춰 구성되었죠. 입시 성적을 올리는 것, 좋은 대학에 진학하는 것이 진로교육의 목표였습니다. 그런데 이제는 대학 진학과 진로가 연결되지 않는 세상으로 점점 바뀌고 있습니다. 일자리에서도 일과 자리가 분리되고 있습니다. 그동안은 일자리에서 자리를 차지하면 되던 세상이었습니다. 자리를 차지하면 이에 맞는 일을 할 수 있고 사람들에게 인정받을 뿐만 아니라 많은 급여를 보장받았으니까요. 하지만 지금 그리고 앞으로는 이런 자리의 개념이 점점 사라지고 있습니다. 내가 스킬과 능력을 가지고 있으면 자리가 없더라도 일에 참여할 수 있는 환경으로 바뀌고 있는 것이죠.

진로는 더 이상 한 번 선택하고 끝나는 일이 아닙니다. 오히려 여러 번 바뀌는 것이 자연스럽고, 또 그렇게 바뀌어야 생존 가능한 시대가 되었습니다. 무엇보다 진로는 어떤 직업을 갖느냐보다는 자신의 삶을 어떻게 설계하느냐가 핵심이 되고 있습니다. 진로지도 전문가인 존 사빅카스(John Savickas)는 아이의 진로는 '자신의 삶에 의미를 부여하는 방식'이라고 정의합니다.

진로교육은 이제 단순히 직업 정보를 제공하는 것이 아닙니다. 아이가 자신의 강점을 알고, 자신이 의미 있다고 느끼는 일을 발견하고, 변화에 유연하게 대응할 수 있는 힘을 기르는 과정이 되어야 합니다. 부모세대의 성공 공식과 이에 대한 강요는 진로교육에 방해가 될 뿐입니다.

인구 구조 변화로 본 아이들의 다른 진로

인구 구조에 따라 우리 아이들이 맞이할 시대는 어떤 변화가 기다릴까요? 현재 만 5세 아이들이 앞으로 맞이하게 될 세상은 어떨까요?

통계청 자료에 따르면 2025년 기준으로 만 5세 인구는 37만 8천 명인데, 이들이 고등학교 3학년이 되는 2038년에는 약 34만 명으로 줄어든다고 합니다. 현재 고등학교 3학년 학생 수가 약 44만 명인 것과 비교하면 무려 10만 명 가까이 줄어드는 셈이죠. 이렇게 되면 전국 대학의 모집정원과 졸업생 수 사이의 격차가 훨씬 커집니다. 결국 대학이 정원을 채우지 못하는 현상이 본격적으로 나타나는 것이죠.

이 아이들이 대학을 졸업하고 사회에 진출하는 시점은 2040년 전후일 겁니다. 그런데 우리나라의 생산가능인구(15~64세)는 지속적으로 줄어들고 있습니다. 지금 사회생활을 하고 있는 인구에 비해 5세 아이들이 사회에 진출하는 시점에는 생산가능인구의 5분의 1이 사라진다는 것이죠. 즉 이들이 노동시장에 진출할 때에는 기업들의 인재 확보 경쟁이 심해져서 청년들의 취업 경쟁력은 상대적으로 더욱 커질 것입니다.

2025년 기준 5세 아이들의 경우 부모세대와는 달리 대학 입학과 취업에 있어 경쟁이 덜할 것은 사실입니다. 물론 앞으로 10~20년 뒤 어떤 변화가 나타날지는 모르는 일입니다. 하지만 부모세대가 생각하는 대학 입학과 취업의 어려움과는 다른 세상이 펼쳐질 것입니다.

[표 3] 우리나라 인구의 교육 및 노동시장 구조 변화

구분	대학 입학 난이도	취업 난이도 및 생산가능인구	수도권 대학 진학 가능성	인서울 대학 진학 가능성
만 5세 2038년 대입	★★☆☆☆ 경쟁 완화	★★☆☆☆ 2043년 약 2,800만 명 2025년 대비 700만 명 감소	약 50%	약 32%
만 10세 2033년 대입	★★★☆☆ 경쟁 완화 시작	★★★☆☆ 2038년 약 3,100만 명 2025년 대비 550만 명 감소	약 45%	약 28%
만 40세 2003년 대입 경험	★★★★★ 매우 치열	★★★★☆ 2025년 약 3,500만 명	약 25%	약 15%

이제 부모는 과거의 경험만으로 자녀의 진로를 설계하면 안 됩니다. 인구·교육·노동시장의 구조 변화를 이해하고, 아이가 평생에 걸쳐 새로운 기술과 지식을 계속 쌓을 수 있는 환경을 만들어주어야 합니다. 부모세대와 다르게 펼쳐질 시대를 함께 예측하고 준비해 나가는 것이 중요할 것입니다.

2025년 기준 5세 아이들의 경우 2038년에 대학에 입학하게 되는 세대입니다. 학령인구가 급격히 줄어들어 일부 지방 대학은 정원 미달이 상시화될 가능성이 높습니다. 2043년 사회 진출 시점에는 생산가능인구가 지금보다 약 700만 명 줄어들어 기업이 인재 확보에 적극적으로 나서게 될 것이며 청년층의 취업 선택지는 지금보다 훨씬 넓어질 수 있습니다.

2025년 기준 10세 아이들은 2033년 대학에 입학하는 세대입니다. 현재보다는 다소 경쟁이 완화되지만 졸업 후인 2038년 무렵에는 일부 산업과 지역에서 인력 부족이 본격화됩니다.

부모세대는 이미 대학 입시를 경험한 세대입니다. 당시에는 대학 정원보다 지원자가 훨씬 많아 대학 입학이 매우 어려웠습니다. 사회에 나왔을 때도 청년층 인구가 충분해 기업이 채용에서 우위를 점했고, 구직자는 제한된 선택지 속에서 치열한 경쟁을 벌여야 했습니다.

지금의 부모세대와 아이들 세대는 인구 구조상으로도 전혀 다른 진로와 경력 개발의 환경에 놓일 것입니다. 따라서 부모세대의 생각으로 아이들의 진로에 접근하는 누를 범하지 않는 것이 중요합니다. 즉 대학이나 취업이 보다 용이한 시대를 살아갈 아이들의 시대에 맞게 진로교육을 하는 것이 중요합니다.

새로운 진로교육의 출발점: 다름을 인정하는 것

진로교육의 출발점은 아이들이 우리와 다르다는 사실을 인정하는 것입니다. 우리는 과거의 성공 공식을 아이들에게 강요하는 대신, 아이가 스스로 자신의 방향을 찾아갈 수 있도록 도와주는 안내자이자 동반자가 되어야 합니다.

그 출발을 위해 우리는 먼저 아이의 관심사에 대해 진심으로 들어주고, 그 안에서 발견할 수 있는 가능성을 함께 탐색해야 합니다. 진로교육은 정답을 알려주는 것이 아니라 질문을 던지고 그 질문에 스스로 답할 수 있도록 돕는 과정입니다. 진로는 지극히 개인적인 여정입니다. 어떤 아이는 뭔가 만들고 탐구하는 걸 좋아하고, 어떤 아이는 사람과 함께하는 것을 좋아합니다. 또 어떤 아이는 스스로 창조해 내는 것을 즐깁니다. 중요한 건 그 아이의 목소리를 존중하고 함께 길을 찾는 것입니다.

교육(Education)이라는 단어는 우리에게 익숙하지만 그 어원을 들여다보면 교육의 본질에 대한 새로운 통찰을 얻게 됩니다. 교육은 라틴어 'educere'에서 파생되었는데, 이는 '밖으로(e-) 이끌다(ducere)'라는 뜻을 지니고 있습니다. 즉 교육이란 단지 누군가에게 무언가를 가르치는 것이 아니라, 그 사람 안에 이미 존재하는 무언가를 밖으로 이끌어내는 것입니다. 진로교육 또한 그렇습니다. 아이들 내면의 적성과 흥미 그리고 장점을 밖으로 끌어내는 역할을 해야 합니다. 부모가 생각하는 좋은 직업을 주입하는 것이 아니라 아이들의 장점을 끌어내는 것이 진정한 의미의 진로교육인 셈이죠.

아이들의 장점과 흥미, 적성을 자연스럽게 끌어내기 위해서는 부모가 미래 변화에 대한 감각을 기르고, 다양한 진로경로에 대해 열린 마음을 갖는 것이 필요합니다. 때로는 우리가 모르거나 생소한 직업을 아이가 선택하려 할 수도 있습니다. 그럴 때 그것을 낯설다고 배척하기보다는 함께 공부하고 알아보는 태도가 진로교육의 시작이 될 수 있습니다.

그렇다면 부모로서 우리 아이들을 어떻게 도와야 할까요? 우선 가장 중요한 것은 변화한 현실을 인정하는 것입니다. 시험만 잘 보면 된다, 좋은 대학 간판만 따면 된다는 말이 더 이상 절대 진리가 아님을 깨닫는 것이 출발점입니다. 교육과 커리어에 대한 기존의 통념을 업그레이드해야 합니다. 이를 테면 과거 부모들이 강조하던 성실성, 기초 학습 능력, 사회성 등이 여전히 중요하긴 하지만, 거기에 더해 디지털 리터러시, 창의적 문제해결력, 평생학습 능력이 필수임을 아이에게 알려주세요. 통계와 전망을 통해 아이들과 미래에 대해 대화를 나눠보는 것도 좋습니다. "앞으로 5년 내에 지금의 일자리 22%가 사라지거나 바뀐대. 새로운 일자리도 많이 생긴다고 하는데 네 생각은 어때?", "AI 때문에 사라지는 일도 있지만 또 AI 덕분에 잘되는 일도 있을 거야"라는 주제로 이야기를 나눠보는 것입니다. 이러한 정보를 접하면 아이들도 막연한 두려움보다 준비해야 할 방향을 구체적으로 이해하는 데 도움이 될 것입니다.

또한 아이의 재능과 흥미를 존중하는 것이 중요합니다. 앞으로는 한 가지 전공 지식만으로는 먹고 살기 어려울 수 있습니다. 대신 다양한 분야의 지식을 융합하고, 새롭게 떠오르는 기술을 신속히 배우는 학습력이 승부를 가를 것입니다. 아이가 여러 방면에 호기심을 갖고 도전할 수 있도록 부모가 장려하고 지원해주어야 합니다. 예를 들어 아이가 학교 공부 외에 디자인에 관심을 보인다면 온라인 학습 수강을 지원하거나, 코딩에 흥미가 있다면 코딩 동아리 활동을 응원할 수 있습니다. 이런 경험들이 훗날 예측 불가능한 직업 세계에서 살아남을 포트폴리오가 될 수 있습니다. 실제로 기업들은 학위보다도 무엇을 해봤느냐를 보고 싶어하기 때문에, 아이가 학창시절 경험한 작은 프로젝트나 인턴십, 대회 참가 등을 통해 자기만의 프로젝트 결과물을 쌓아두면 큰 자산이 됩니다.

우리는 이미 새로운 세대의 부모가 되었습니다. 예전의 기준과 방식이 통하지 않는 시대에 가장 필요한 것은 열린 태도와 학습하는 자세입니다. 아이들은 우리의 과거를 살지 않습니다. 아이들은 그들단의 세상을 향해 나아가고 있습니다. 우리가 해야 할 일은 그 길을 함께 걸어주되 부모세대의 시대와는 다름을 인정하는 것입니다. 진로교육의 출발은 지금 우리들이 살아가는 사회의 모습부터가 아닙니다. 아이들이 살아가게 될 10년 후 20년 후의 삶을 예측하고 그곳에서 출발해야 합니다.

진로는 나의 가치와 일을 연결하는 것이다

가치 중심의 진로설계

진로를 이야기할 때 우리는 너무 쉽게 "무슨 직업을 가질 것인가"라는 질문부터 시작합니다. 하지만 지금처럼 변화가 빠른 시대에는 직업명으로 진로를 고정하는 것이 오히려 위험할 수 있습니다. 오늘 존재하는 직업이 내일은 사라질 수도 있고, 반대로 오늘은 없던 직업이 몇 년 뒤에는 수많은 사람의 꿈이 될 수도 있으니까요. AI와 자동화, 기후 변화, 글로벌 경제 불확실성 등 거대한 변화 속에서 직업의 수명은 점점 짧아지고 있습니다. 이제는 '무엇을 할 것인가'보다 '왜 할 것인가'에서 출발해야 합니다. 내가 중요하게 여기는 가치, 세상에서 이루고 싶은 목표, 나만의 원칙이 먼저 자리를 잡아야 진로가 흔들리지 않겠죠. 직업은 그 가치를 실현하는 수단일 뿐 목적이 아니고, 가치는 시대가 변해도 오래도록 나의 나침반이 되어줍니다.

미국의 경영학자 사이먼 시넥(Simon Sinek)은 "사람들은 당신이 무엇을 하는지가 아니라 왜 하는지를 보고 움직인다"고 말했습니다. 이 말은 기업에도, 개인의 진로에도 그대로 적용됩니다. 예를 들어 사람들의 건강을 지키는 것이 중요한 가치라면, 그 길은 의사, 간호사, 물리치료사, 스포츠 트레이너, 헬스케어 앱 개발자, 건강 관련 콘텐츠 크리에이터 등 다양하게 열릴 수 있습니다. 가치가 정해지면 직업의 형태가 변하더라도 방향은 유지됩니다.

가치 기반으로 진로를 설계하면 무엇보다 유연성을 확보할 수 있습니다. 직업 환경이 변해도 그 가치에 맞는 다른 일을 찾을 수 있고, 동기가 강해 오랫동안 몰입할 수 있을 뿐만 아니라 직업이 바뀌어도 자기 정체성을 유지할 수 있습니다.

〈하버드 비즈니스 리뷰〉 등에 소개된 자료에 의하면 자신의 가치와 일이 일치한다고 느끼는 사람은 그렇지 않은 사람보다 생산성이 31% 높고 창의성은 3배 이상 높다고 합니다. 연봉보다 내가 하는 일의 사회적 의미가 더 중요하다고 생각하는 사람들이 많아지고 있습니다.

청소년 시절부터 가치 중심으로 진로를 설계해 성공한 사례들이 많습니다. 스웨덴의 10대 소녀 그레타 툰베리(Greta Thunberg)는 '기후 위기

해결'이라는 가치를 위해 학교를 쉬고 1인 시위를 시작했는데, 이는 전 세계 청소년 환경 운동의 불씨가 되었고 이후 유엔 연설과 국제 환경 캠페인의 상징적인 인물이 되었습니다. 또 미국의 젊은 발명가 기탄잘리 라오(Gitanjali Rao)는 '사람들의 삶을 더 안전하게 만드는 것'을 가치로 삼아 12세에 납 오염 수질 측정 기기를 발명했고, 이후 사이버 왕따 방지 앱을 개발함으로써 사회적 문제해결형 창업가로 성장하고 있습니다. 기탄잘리 라오가 발명가 또는 프로그래머, 창업가로 활동하며 직업은 변했지만 그 중심에는 본인만의 가치가 자리 잡고 있습니다. 이러한 가치 중심의 진로설계는 변화하는 세상에 대응해 나갈 때 중심을 잡아 주는 역할을 합니다. 그리고 자신의 일에 의미를 부여하여 보다 높은 성과를 창출하는 원동력이 됩니다.

글로벌 아웃도어 브랜드 파타고니아(Patagonia)는 '환경 보호'를 회사의 핵심가치로 두고 모든 채용과 업무를 그 가치에 맞춥니다. 덕분에 이 회사 직원들은 단순한 생계가 아니라 자신이 믿는 가치를 실현하는 것을 중심에 두고 일합니다. 파타고니아의 채용공고에는 직무 설명보다 '환경 보호 활동에 대한 헌신'이 먼저 나옵니다. 이처럼 가치가 분명하면 조직이나 구성원도 흔들리지 않습니다.

우리나라도 가치 중심으로 일하는 젊은 세대가 늘고 있습니다. IT 스타트업에서 마케팅을 하던 이모 씨는 '지역 사회의 교육 격차 해소'라는 가치를 실현하고 싶어 비영리 교육단체로 옮겼습니다. 그는 연봉은

줄었지만 "아침에 눈뜨면 내가 하는 일이 세상에 의미가 있다는 생각이 든다"고 말합니다. 이런 만족감은 단순한 금전적 보상보다 훨씬 강력합니다.

진로는 나의 이해와 업무에 대한 이해의 결합

아이들의 진로와 경력 개발은 나에 대한 이해와 업무에 대한 이해를 바탕으로 지속적이고 반복적으로 공통의 영역을 찾아가는 과정입니다. 그렇게 하려면 나의 가치뿐만 아니라 나의 적성과 능력 그리고 흥미 등에 대해 잘 알고 있어야 합니다. 또한 세상에서 일어나는 일에 대해서도 다양하게 이해하는 것이 필요합니다. 이렇게 나에 대한 이해와 일에 대한 이해의 원이 커질 때 내가 선택할 수 있는 진로의 범위가 넓어지는 것이죠.

따라서 진로교육에서는 단순히 '어떤 직업이 유망한가'를 나열하고, 그중 하나를 선택하게 하는 수준에서 멈춰서는 안 됩니다. 그것은 마치 지도에서 도착지를 먼저 찍어놓았지만 출발지나 경로, 이동 수단 등은 전혀 고려하지 않은 것과 같습니다. 오히려 '나는 누구인가'와 '세상에는 어떤 일이 있는가'를 동시에 탐색하고, 두 영역이 겹치는 부분을 넓혀가는 과정이 핵심이 되어야 합니다. 이 교집합이 바로 나의 가치와 일이 만나는 지점이며, 변화의 시대에도 변하지 않는 진로의 안전지대가 될 것입니다.

글쓰기를 좋아하는 아이가 있다고 가정해봅시다. 이 아이가 자신의 강점이 '언어로 사람의 마음을 움직이는 것'임을 명확히 이해하고, 세상에 존재하는 글쓰기 관련 직무를 폭넓게 알게 된다면, 전통적인 작가나 기자뿐 아니라 UX(고객경험) 라이팅, 브랜드 스토리텔러, 교육 콘텐츠 제작자, 시나리오 작가, AI 프롬프트 엔지니어 등 다양한 길을 발견할 수 있을 것입니다. 반대로 세상에 있는 일을 아무리 많이 알아도 자기 이해가 부족하면 나와 맞지 않는 옷을 입은 채 오래 버티기 힘듭니다. 몇 년 일하다가 번아웃이 오거나 진로를 다시 처음부터 찾아야 하는 경우가 생기는 것이죠.

그래서 진로교육의 첫걸음은 자기 이해를 돕는 경험입니다. 여기서 말하는 자기 이해란 단순히 "나는 수학을 좋아해"처럼 교과목 취향을 말하는 것이 아닙니다. 내가 무엇을 가치 있게 여기는지, 어떤 활동에서 에너지를 얻는지, 어떤 환경에서 몰입이 잘 되는지를 알아가는 과정입니다. 성격유형 검사나 흥미 검사 같은 도구도 유용하지만, 프로젝트 학습, 동아리 활동, 봉사, 인턴십처럼 실제로 부딪혀 보는 경험이 더 깊은 통찰을 줍니다. 예를 들어 지역 박물관에서 봉사활동을 해본 아이가 역사에 대한 흥미를 깨닫고, 그 경험을 계기로 문화유산 해설사라는 직업을 알게 되는 경우도 있습니다.

동시에 직업 세계를 이해하는 경험도 병행되어야 합니다. '나에 대한 이해'라는 한쪽 날개만으로는 멀리 날 수 없습니다. 다른 쪽 날개인 '일에 대한 이해'가 있어야 비로소 진로탐색이 입체적으로 이루어집니다. 학교 밖 멘토와의 만남, 기업 탐방, 직무 체험 캠프, 온라인 직업 인터뷰 시청 등은 아이들이 책상 위에서 직업을 어렴풋이 체험하는 방식에서 벗어나도록 돕습니다. 예를 들어 방송 제작에 관심 있던 학생이 실제 방송국 견학에서 촬영, 조명, 음향, 편집, 기획 등 다양한 세부 직무를 접하고, 자신은 카메라 앞이 아니라 기획과 스토리 구성에 더 적합하다는 사실을 깨닫는 경우도 있을 것입니다.

결과적으로 나에 대한 이해의 원과 일에 대한 이해의 원이 클수록, 그리고 두 원이 많이 겹칠수록 내가 선택할 수 있는 진로의 폭도 넓어집니다. 이 겹치는 영역이 넓다는 것은 곧 나와 맞고, 내가 잘할 수 있고, 세상에 필요한 일을 찾을 가능성이 커진다는 의미입니다. 반대로 이 원이 작고 멀리 떨어져 있다면 선택지는 제한되고 진로변경 시 더 많

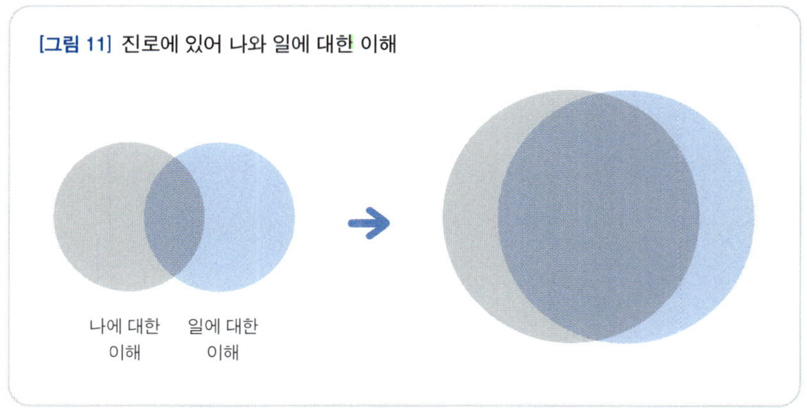

[그림 11] 진로에 있어 나와 일에 대한 이해

은 시행착오를 겪게 됩니다. 이 겹치는 영역을 넓히는 일은 한 번의 상담이나 검사가 아니라 평생 이어져야 하는 과정입니다.

AI와 기술 변화로 직업 환경이 수시로 변화하는 시대일수록 자기 이해와 일에 대한 이해를 동시에 확장하는 습관이야말로 우리 아이들이 가져야 할 가장 중요한 생존 전략입니다. 한 번 찾은 직업에 평생 머무는 것이 아니라 그때그때 변화하는 환경 속에서도 나의 가치와 강점을 새로운 형태의 일로 연결해 가는 유연성이 필요합니다.

결국 진로교육의 목표는 아이들에게 정답을 알려주는 것이 아니라, 스스로 '나만의 답'을 찾는 방법을 익히게 하는 데 있습니다. 내가 누구인지, 세상에 어떤 일이 있는지, 그리고 그 둘이 만나는 지점이 어디인지 끊임없이 묻고 답하는 힘을 길러주는 것이 필요합니다.

결국 AI시대에 부모가 아이에게 해줄 수 있는 가장 큰 진로교육은 "직업은 변하지만 우리가 중요하게 생각하는 가치는 변하지 않는다"는 메시지를 전하는 것입니다. 그리고 그 가치에 맞춰 다양한 경험을 제공하고, 스스로 그 가치와 연결된 일을 찾는 힘을 길러주는 것입니다. 진로는 종착지가 아니라 여정입니다. 그 여정을 흔들림 없이 걸어갈 수 있는 힘은 이름이 아니라 의미에서 나옵니다.

좋아하는 일 vs 잘하는 일: 아이의 선택을 돕는 방법

좋아하는 것과 잘하는 것 무엇이 다를까?

많은 부모가 우리 아이의 진로를 결정할 때 '좋아하는 일을 따라야 할까, 아니면 잘하는 일을 중시해야 할까?' 하는 고민을 합니다. 한쪽에서는 '아이가 좋아하는 일을 해야 행복하지 않겠어?'라고 생각하지만, 또 다른 한쪽에서는 '잘하는 일을 해야 성공하고 안정적인 삶을 살지 않을까?' 하는 현실적인 걱정이 앞서죠. 좋아하는 것과 잘하는 것이 딱 맞아떨어지면 좋겠지만 현실에서는 두 영역이 미묘하게 어긋나는 경우도 많습니다. 부모 입장에서는 과연 어느 쪽을 더 존중해야 할지, 혹은 두 마리 토끼를 다 잡을 방법은 없는지 궁금할 수밖에 없습니다.

좋아하는 일과 잘하는 일은 비슷해 보이지만 사실 출발점부터 다릅니다. 좋아하는 일은 아이 스스로 즐거움을 느끼고 시간 가는 줄 모르게 몰입할 수 있는 활동을 말합니다. 반면 잘하는 일은 타고난 재능이 있거나 이미 연습과 경험을 통해 능숙해진 활동을 가리킵니다. 예를 들어 글쓰기를 잘하는 아이, 퍼즐을 척척 푸는 아이, 손재주가 좋아 무얼 만들어도 그럴듯하게 만드는 아이 등을 떠올릴 수 있죠. 정리하면 좋아하는 것은 아이의 마음이 향하는 곳이고, 잘하는 것은 아이의 능력이 발휘되는 곳이라고 볼 수 있습니다.

가장 좋은 것은 잘하는 것과 좋아하는 것이 동일하고 이 길을 진로로 삼는 것입니다. 하지만 이런 경우는 많지 않습니다. 현실적으로 보면 자신의 진로 또는 하는 일이 자신이 잘하는 것과 관련이 없고, 자신이 하고 싶은 것과 관련이 없는, 즉 둘 다 관련이 없는 일을 하는 사람이 많습니다.

좋아하지 않지만 잘하는 일을 진로로 삼는 것 또는 잘하지는 못하지만 좋아하는 일을 진로로 삼는 것은 현실적으로 봤을 때 최선은 아니지만 차선이라고 할 수 있는 것이죠.

가끔 좋아하는 일과 잘하는 일을 헷갈리는 경우가 있습니다. 또한 자신이 무엇을 좋아하고 무엇을 잘하는지에 대해 잘 모르는 경우도 많습니다. 아이들의 진로교육에 있어 그 출발점 중 하나는 자신을 이해하는 것입니다. 따라서 좋아하는 일과 잘하는 일 중에서 선택하기 전에

우선 자신이 잘하는 것이 무엇인지, 그리고 좋아하는 일이 무엇인지에 대해 지속적으로 질문하고 알아나갈 필요가 있습니다. 따라서 부모와 선생님들은 우리 아이들이 자신을 발견할 수 있도록 "넌 어떤 일을 할 때 집중이 잘되니?", "넌 손재주가 참 좋구나", "제일 재미있던 경험은 무엇이니?", "친구들이 무슨 일을 할 때 너를 칭찬하니?" 등 아이의 장점과 흥미를 발견할 수 있는 질문과 피드백을 주는 것이 중요합니다.

행복한 진로: 좋아하는 일

좋아하는 일이 없는 아이들이 많습니다. 입시 경쟁에 놓여 있어서 진로에 대한 교육을 제대로 받지 못해서일 수도 있지만 정작 아이들에게 좋아하는 일을 물어보면 쉽게 답하는 경우가 흔치 않습니다.

어린시절부터 과학 실험과 발명품 만들기를 너무나 좋아하던 소년이 있었습니다. 이 아이는 집에 있는 도구로 별난 실험을 해보거나, 장난감 부품을 모아 독특한 기계를 조립하며 놀곤 했죠. 학교 공부 중에서는 수학과 물리 같은 과목을 좋아했고 성적도 꽤 좋았습니다. 부모는 이런 아이의 흥미를 크게 응원했습니다. 특히 과학 동아리 활동도 할 수 있게 지원하고, 재미있는 과학 키트나 어린이용 공학 교구 등을 선물로 주며 아이의 호기심을 북돋아주었습니다. 이 소년은 나중에 대학에서 기계공학을 전공했고, 졸업 후에는 NASA에 취업해 엔지니어로 활동했죠. 그러나 거기서 끝나지 않았습니다. 직장 생활을 하던 중 자

출처: www.youtube.com/watch?v=TtdOdUi9b_s

신의 끼와 열정을 살려 유튜브에 재미있는 과학 실험 영상을 올리기 시작했고, 지금은 전 세계 어린이와 어른들에게 과학의 즐거움을 전하는 유명 과학 크리에이터가 되었습니다. 바로 많은 사람이 알고 있는 유튜버 마크 로버(Mark Rober)의 이야기입니다. 그는 발명을 좋아하던 소년이 발명을 잘하는 공학자가 되고, 다시 그 재능을 재미있게 풀어내는 크리에이터가 되기까지, 좋아하는 일을 지속적으로 파고들어 마침내 잘하는 영역으로 꽃피운 멋진 사례라고 할 수 있습니다.

이 이야기의 교훈은 분명합니다. 아이가 좋아하는 일을 포기하지 않고 계속하다 보면, 실력도 따라오고 결국에는 커다란 성취로 이어질 수 있다는 것입니다. 중요한 것은 그 과정에서 부모의 지지와 격려가 있었다는 점이겠죠. 부모가 "재밌는 걸 해보라"며 적극 지원해주고 필요할 때 기회를 제공함으로써 아이의 흥미를 좋아함을 넘어 잘함으로 발전시킬 수 있었으니까요.

뇌과학적 관점에서 보면, 아이들이 좋아하는 일을 할 때 뇌에서는 보상 호르몬이 분비되어 학습효과가 높아진다는 사실이 알려져 있습니다. 아이가 재미를 느끼면 도파민 등 신경전달물질이 분비되어 집중력과 기억력이 좋아지고, 그 활동에 더욱 깊이 몰입하도록 돕습니다. 쉽게 말해, 뇌가 '더 배우고 싶다'는 신호를 보내는 것이죠. 그래서 아이가 좋아하는 분야에서는 밤새워 몰두하기도 하고, 어려운 기술이나 지식도 스스로 터득해 나가는 경우가 많습니다. 반대로 전혀 흥미 없는 일을 억지로 시키면 뇌는 스트레스를 받아 학습효율이 떨어지고 창의력도 발휘되기 어렵습니다. 아이에게 "이건 꼭 해야 해"라고 강요만 하고 흥미 요소를 찾지 못하게 하면, 열심히 하다가도 금세 지치거나 싫증을 내는 건 이런 이유와 관련이 있습니다.

심리학적으로는 내적 동기와 성취 경험이 재능 개발에 중요합니다. 내적 동기란 '스스로 그것을 하고 싶어 하는 마음'인데, 좋아하는 일을 할 때 이 동기가 강하게 작용하는 것이죠. 외부에서 "이거 해봐, 상 줄게"라고 시키는 외적 동기보다 '내가 좋아서, 궁금해서' 하는 내적 동기가 있을 때 아이는 어려움이 있어도 더 오래 노력하고 창의적인 해결책도 찾아냅니다. 결국 흥미가 있다는 것은 그 분야를 탐구하는 데 필요한 에너지와 끈기가 생긴다는 뜻입니다.

뇌과학이나 심리학에서는 좋아하는 것을 할 때 그 일을 더 잘할 수 있다는 얘기를 하고 있습니다. 즉 진로를 선택할 때 좋아하는 것에 우선적으로 집중할 필요가 있다는 것이죠. 또한 아이들의 행복 관점에서도 좋아하는 일은 매우 의미가 있습니다. 사람들은 자신이 좋아하는 일을 할 때 행복해합니다. 어차피 해야 할 일이라면 자신이 좋아하는 일을 찾고 이를 자신의 직업으로 삼는 것이 행복한 삶이라고 할 수 있을 것입니다.

아이들의 진로를 선택할 때는 좋아하는 일을 찾아주는 것이 중요합니다. 그렇다면 좋아하는 일을 찾은 이후에는 부모가 어떤 지원을 해야 할까요?

이때 중요한 개념 중 하나가 바로 조시 카우프만(Josh Kaufman)이 말한 20시간의 법칙(The First 20 Hours)입니다. 그는 새로운 기술이나 활동을 배울 때 최소 20시간 정도만 집중적으로 투자해도 일정 수준의 능숙함을 갖출 수 있다고 강조합니다. 다시 말해 전문가가 되기 위해서는 수천 시간이 필요하지만, 처음 20시간만 제대로 투자하면 '아예 못하는 상태'에서 '어느 정도 할 수 있는 상태'로 빠르게 올라설 수 있다는 것입니다.

이 법칙을 아이들의 진로탐색에 적용해 보면 부모가 해줄 수 있는 지원이 명확해집니다. 아이가 좋아하는 일이 생겼을 때, 그 결정을 단순히 흥미 차원에서 끝내지 않고 '할 만하다'는 성취 경험으로 이어지게 하려면 바로 이 초기 20시간을 어떻게 채워주느냐가 관건입니다. 아이가 흥미를 갖는다면 처음 20시간을 제대로 배워보게 하는 것이 중요합니다. 기본 서적이나 학원 등 처음부터 제대로 수업을 받게 지원해주는 것입니다. 또한 교육 외에 의미 있는 성취를 지원해주는 것도 방법입니다. 예를 들어 그림 그리기에 흥미를 보이는 아이라면 처음 20시간 동안 다양한 도구를 써보게 하고 작은 결과물을 완성하도록 돕는 겁니다. 프로그래밍에 관심 있는 아이라면 어렵고 복잡한 언어를 가르치기보다 블록 코딩이나 쉬운 실습형 툴을 이용해 단기간에 재미있는 결과물을 만들어 보게 하는 것이 효과적입니다.

이 과정에서 중요한 건 부모의 적극적인 격려와 작은 자원 투자입니다. 고가의 장비나 거창한 환경보다 부담 없이 시작할 수 있는 기초 도구와 "네가 이런 걸 해냈구나!"라는 긍정적인 피드백이 아이의 동기를 높여줍니다. 아이가 20시간 안에 성취를 경험하면 뇌는 '더 하고 싶다'는 신호를 보내게 되고, 이는 다시 몰입과 연습으로 이어져 결국 '좋아하는 일'을 '잘하는 일'로 연결시키는 선순환을 만들어줍니다.

결과적으로 좋아하는 일을 진로로 발전시킬 수 있는 열쇠는 처음 20시간을 어떻게 채워주느냐에 달려 있다고 할 수 있습니다. 부모가 이 짧은 시간을 지지와 관심으로 뒷받침해 준다면, 아이들은 흥미를 재능으로 재능을 자기만의 길로 키워나갈 수 있을 것입니다.

타고난 재능을 살리는 진로: 잘하는 일

그렇다면 아이가 이미 잘하고 있는 일을 더 좋아하게 만들 수 있을까요? 이는 충분히 가능합니다. 여기서 핵심은 '성취감'과 '의미 부여'입니다.

먼저 부모와 주변 어른들의 진심 어린 칭찬이 중요합니다. "넌 정말 그림을 잘 그리는구나"라는 단순한 칭찬보다는 "네가 그린 이 강아지 표정이 정말 살아있는 것 같아. 어떻게 이런 느낌을 표현했니?"처럼 구체적인 인정과 관심을 보여주는 것이 효과적입니다. 아이는 자신이 잘하는 것에 대해 주변에서 인정받을 때 그 활동에 더 큰 의미를 부여하게 됩니다. 잘하는 것을 타고난 재능으로만 여기지 않고 노력의 결과로 인식하게 도와줌으로써 아이는 그 활동을 더 좋아하게 됩니다.

아이가 잘하는 것을 다양한 영역으로 확장해주는 것도 중요합니다. 예를 들어 수학을 잘하는 아이라면 단순히 문제 풀이만 시키지 말고, 생활 속 수학 원리 찾기, 게임이나 앱에서의 확률 계산, 요리할 때 비율 맞추기 등 다양한 상황에서 수학 능력을 활용할 기회를 제공해 보세요. 또한 아이의 재능을 사회적 가치와 연결해주는 것도 효과적입니다. 글쓰기를 잘하는 아이에게는 "네 글이 다른 사람들에게 위로가 될

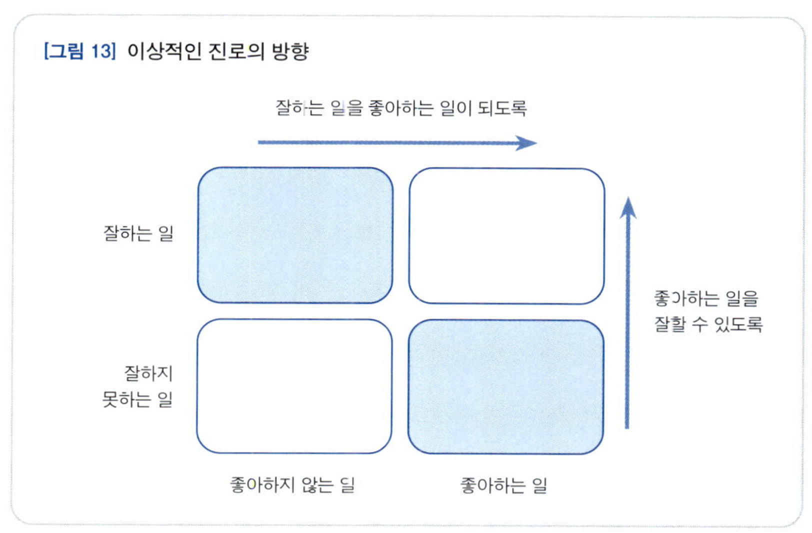

수 있어"라고 말하거나, 실제로 학교 신문이나 블로그에 글을 올려볼 기회를 만들어주는 것도 좋습니다. 자신이 잘하는 것이 세상에 도움이 된다는 것을 깨달을 때 그 일에 대한 애정도 함께 커집니다.

정리하면, 결국 가장 이상적인 진로는 좋아하는 것과 잘하는 것이 만나는 지점에서 만들어집니다. 하지만 현실적으로는 둘 중 하나에서 출발해 다른 영역으로 확장해 나가는 경우가 많습니다.

좋아하는 일에서 출발하는 경우 꾸준한 연습과 체계적인 학습을 통해 실력을 키워야 합니다. 잘하는 일에서 출발하는 경우에는 그 일에 개인적 의미를 부여하고 창의적인 요소를 더해 흥미를 높여야 합니다.

부모의 역할은 아이가 어느 쪽에서 출발하든 다른 영역으로 확장할 수 있도록 돕는 것입니다. 좋아하는 것을 잘하게 만들거나 잘하는 것을 좋아하게 만드는 과정에서 아이는 자신만의 독특한 강점을 발견하게 됩니다.

무엇보다 중요한 것은 아이 자신이 주체가 되어 선택하도록 하는 것입니다. 부모가 아무리 좋은 의도로 조언을 해도, 결국 그 길을 걸어갈 사람은 아이 자신이기 때문입니다. 아이가 스스로 자신의 흥미와 재능을 탐색하고, 그 둘 사이의 접점을 찾아갈 수 있도록 충분한 시간과 다양한 경험을 제공해주는 것이 부모가 할 수 있는 가장 큰 선물입니다.

부모의 피드백이 아이를 성장시킨다

피드백의 힘: 아이를 성장시키는 부모의 말

부모의 피드백은 아이가 자신을 어떻게 바라보는지, 즉 자아상을 형성하는 데 결정적인 역할을 합니다. 특히·진로와 관련된 피드백은 아이가 미래에 대해 어떤 꿈을 꾸고, 어떤 도전을 할 수 있을지를 좌우하는 중요한 요소입니다.

스탠퍼드대학교의 심리학자 캐롤 드웩(Carol Dweck)은 수십 년간의 연구를 통해 부모나 선생님의 피드백이 아이의 성장 마인드셋에 미치는 영향을 입증했습니다. 그의 연구에 따르면 "너는 똑똑하다"와 같은 고정된 능력에 대한 칭찬보다 "열심히 노력했구나", "새로운 방법을 시도해봤네"와 같은 과정과 노력에 대한 피드백을 받은 아이들이 더 도전적인 과제에 임하고 실패를 두려워하지 않으며, 결과적으로 더 나은 성과를 보인다고 말합니다.

진로교육에서 부모의 피드백이 중요한 이유는 아이들이 아직 자신에 대해 명확히 알지 못한 상태이기 때문입니다. 자신이 무엇을 좋아하는 지, 무엇을 잘하는지, 어떤 가치를 중요하게 여기는지에 대한 인식이 형성되는 과정에서 부모의 관찰과 피드백은 아이에게 자신을 발견할 수 있는 거울 역할을 합니다.

진로를 탐색하는 과정에 있다면 부모의 피드백은 더욱더 필요합니다. 진로탐색에서 특히 중요한 것은 아이가 자신에 대해 모르는 영역을 줄 여나가는 과정입니다. 이를 이해하는 데 조하리의 창(Johari Window) 이 론이 큰 도움이 됩니다.

조하리의 창은 자아 인식을 4개의 영역으로 나눕니다. 열린 자아는 자 신도 알고 다른 사람도 아는 부분, 숨겨진 자아는 자신은 알지만 다른 사람은 모르는 부분, 가려진 자아는 자신은 모르지만 다른 사람은 아 는 부분, 그리고 미지의 자아는 자신도 모르고 다른 사람도 모르는 부 분입니다. 아이들의 진로탐색에서 가장 중요한 것은 열린 자아 영역을 확대해 나가는 것입니다. 이 영역을 넓힐수록 아이와 부모가 인식하지 못한 재능, 흥미, 가능성이 확대되기 때문입니다.

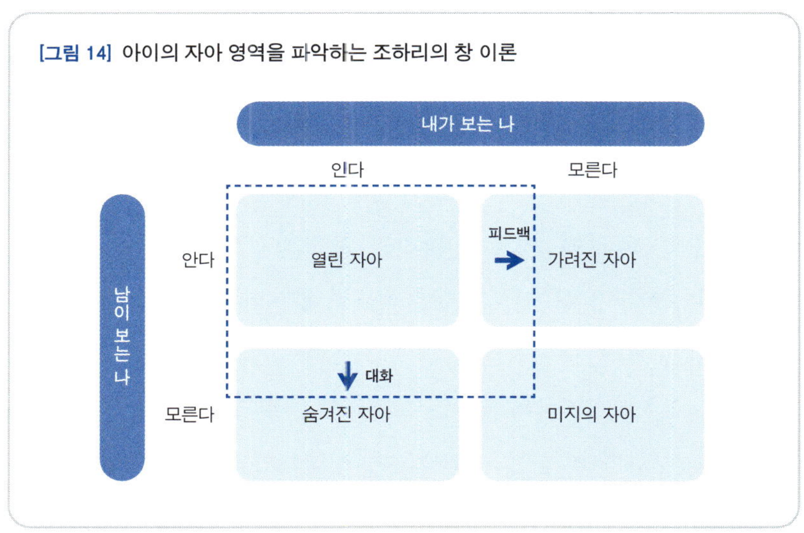

부모의 피드백은 바로 이 가려진 자아를 줄이는 핵심도구입니다. "네가 친구들과 얘기할 때 공정하게 양쪽 의견을 다 들어주더라"라는 피드백은 아이가 자신의 조정 능력을 인식하지 못하고 있을 때 이를 알려주는 역할을 합니다. 또한 "네가 설명할 때 어려운 내용도 쉽게 풀어서 얘기해 준단다"라는 피드백은 아이가 미처 깨닫지 못한 의사소통 재능을 발견하게 해줍니다.

부모와의 소통을 통해 숨겨진 자아를 드러내게 할 수도 있습니다. 자신만이 아는 나의 자아를 부모와의 소통을 통해 자연스럽게 열린 자아로 만들어가는 것이죠. 대화와 소통 그리고 피드백을 통해 열린 자아의 영역을 넓혀 진로교육의 출발점인 자신을 잘 알게 하는 과정이 필요합니다. 또한 이런 노력들은 미지의 영역까지 확대하게 되어 전혀 몰랐던 새로운 재능이나 흥미를 발견할 수 있도록 합니다.

성장을 돕는 피드백, 성장을 해치는 피드백

진로발견과 성장을 돕는 효과적인 피드백에는 다음의 네 가지 원칙이 필요합니다. 첫째, 구체적이고 관찰 가능한 행동에 초점을 맞춘 피드백입니다. "넌 창의적이야"보다는 "네가 오늘 만든 로봇은 다른 친구들이 만든 로봇과 전혀 다른 방식으로 움직이더라. 어디서 그런 아이디어를 떠올렸니?"라고 말하는 것이 좋습니다. 이런 구체적인 피드백은 아이가 자신의 강점을 명확히 인식하고, 그 강점을 어떻게 발휘했는지 이해할 수 있도록 도와줍니다.

둘째, 과정과 노력에 대한 인정입니다. 결과보다는 그 결과를 만들어 내기 위해 아이가 보인 노력, 사용한 전략, 보여준 끈기에 주목하세요. "이번 발표 준비를 위해 일주일 동안 매일 연습한 게 정말 대단해. 처음에 어색하던 것에 비해 마지막엔 정말 자신감 있게 말하더라"와 같은 피드백은 아이에게 노력이 성장으로 이어진다는 것을 깨닫게 해줍니다.

셋째, 아이의 관점을 물어보는 것입니다. 일방적으로 평가하기보다는 "이번 과제에서 어떤 부분이 가장 재미있었어?", "어려웠던 점은 무엇이고, 어떻게 극복했니?"와 같은 질문을 통해 아이 스스로 자신의 경험을 성찰할 수 있도록 돕습니다. 이러한 대화는 아이가 자기 이해 능력을 기르고, 자신만의 기준으로 성장을 평가할 수 있도록 해줍니다.

넷째, 실수와 실패를 학습기회로 만들어주는 것입니다. "이번 실패에서 뭘 배울 수 있을까?"와 같은 관점을 제시함으로써 아이가 완벽하지 않아도 도전할 수 있는 용기를 갖도록 돕는 것입니다. AI시대에는 완벽한 정답보다 시행착오를 통한 학습이 더욱 중요해질 것이기 때문에 이런 마인드셋은 특히 필요합니다.

그렇다면 피해야 할 피드백에는 어떤 것들이 있을까요? 아이의 성장에 도움이 되지 않는 피드백도 있습니다. 이런 피드백은 아이의 자존감을 해치거나 고정된 사고방식을 만들 수 있어 주의가 필요합니다.

먼저 비교하는 피드백을 피해야 합니다. "형은 수학을 잘했는데 넌 왜 못하니?", "옆집 철수는 벌써 영어를 잘하던데"와 같은 말은 아이에게 열등감을 주고, 자신만의 속도와 방식으로 성장할 기회를 빼앗습니다. 대신 "작년의 네 모습과 비교했을 때 정말 많이 발전했어"처럼 아이 자신의 과거와 비교하는 피드백을 주세요.

일반화하는 피드백도 위험합니다. "넌 항상 실수해", "너는 집중력이 없어" 같은 말은 아이에게 자신에 대한 부정적인 정체성을 심어줄 수 있습니다. 한 번의 실수나 특정 상황에서의 모습을 전체로 일반화하지 말고, "오늘은 실수가 있었지만 평소에 신중한 네 모습을 알고 있어"처럼 균형잡힌 시각을 제시하세요.

지나친 결과 중심의 피드백도 문제가 될 수 있습니다. "1등 해서 자랑스럽다"보다는 "목표를 세우고 그것을 달성하기 위해 계획적으로 노력한 과정이 정말 멋있었어"라고 과정을 인정해주는 것이 좋습니다. 결과만 강조하면 아이는 성과에 대한 압박감을 느끼고 도전보다는 안전한 선택을 하려 할 수 있습니다.

또한 아이의 감정을 무시하거나 부정하는 피드백도 피해야 합니다. "남자애가 뭘 그런 걸로 속상해하니?", "그런 건 별거 아니야"라는 말 대신 "속상한 마음 이해돼. 네가 왜 그런 기분인지 말해 볼래?"처럼 아이의 감정을 인정하고 공감하는 것이 중요합니다.

부모의 말은 아이에게 큰 영향을 미칩니다. 긍정의 언어로 아이의 자신감을 키워줄 수도 있고, 무심코 뱉은 부정적인 말로 아이의 의욕을 꺾을 수도 있죠. 진로에 관한 대화를 할 때는 특히나 아이의 마음을 존중하는 태도를 유지하는 것이 중요합니다. 혹시라도 아이가 터무니없는 꿈을 말해도 "왜 그런 꿈을 꾸게 됐을까?"를 함께 생각해보세요. 그리고 그 안에서 현실적인 계획을 세워볼 수 있도록 대화를 유도하면 됩니다. 아이와의 대화에서 부모가 늘 동등한 파트너이자 조력자의 위치에 있다는 것을 기억해야 합니다.

빠르게 변하는 시대에 대응하는 유연한 진로설계법

불확실성이 일상이 된 미래

"아이가 어른이 될 때까지 지금 있는 직업이 남아 있을까요?" 많은 부모가 품고 있는 불안입니다. 그리고 이 불안은 근거가 있습니다. 아이들이 살아갈 미래는 예측 불가능성이 그 어느 때보다 큰 시대이기 때문입니다. 기술 발전은 가속화되고 산업 트렌드는 순식간에 바뀌며 글로벌 경제와 사회 구조도 유동적입니다. 과거에는 한 번 진로를 정하면 평생 지속되는 경우가 많았지만, 앞으로는 이직과 전직이 드물지 않은 진로의 변동성이 매우 큰 시대가 될 것입니다.

이처럼 변화무쌍한 환경에서는 진로를 바라보는 관점 자체를 바꿔야 합니다. 과거 부모세대에게 진로란 한 번 정하면 돌이킬 수 없는 경로처럼 여겨졌지만 이제는 그렇지 않습니다. 미국의 심리학자 존 크럼볼츠(John Krumboltz)는 "대부분의 중요한 커리어 변곡점은 우연한 기회나 만남으로 이루어진다"고 말합니다. 목표를 세운 후 한 치의 오차도 없이 그 길을 따라가는 사람이 드문 만큼, 오히려 예기치 못한 변화를 받아들이고 활용하는 태도가 중요하다는 것입니다.

변화 속도가 빠른 시대에는 긴 호흡의 경력 계획보다 짧은 주기의 계획이 효과적입니다. 10년, 20년 후를 미리 결정하는 것은 현실적으로 의미가 옅어지고 있습니다. 지금 존재하지 않는 직업이 5년 뒤 등장하기도 하고, 인기 있던 직업이 몇 년 사이에 쇠퇴할 수도 있기 때문입니다. 해법은 장기적인 방향성은 가지되 단기적인 계획을 세우고 수시로 수정하는 것입니다. 예컨대 '사람들의 건강을 돕는 일을 하고 싶다'라는 큰 방향은 세우되, 구체적인 진로로드맵은 1~3년 단위로 업데이트하는 식입니다. 기업교육 분야의 구루로 불리는 엘리엇 마시에가 앞에서 말한 "앞으로 경력 개발의 주기는 18개월 단위가 될 것이다"라는 예견과 괘를 같이 합니다.

이렇게 빠르게 변화해야 하는 진로설계와 경력 개발을 위해 중요한 것은 정기적인 점검과 피드백입니다. 마치 내비게이션이 주행 중 새로운 경로를 안내하듯, 아이의 진로계획도 주기적으로 방향을 재점검하고 때에 따라 경로를 수정하는 유연함이 필요합니다.

유연한 진로설계 사례: 스탠퍼드대학교의 인생설계 프로그램

유연한 진로설계를 위해 참고할 만한 프로그램으로는 스탠퍼드대학교의 〈인생설계(Designing Your Life)〉 프로그램입니다. 이 프로그램은 사람들에게 '무엇이 될 것인가'를 정하게 하지 말고, '어떻게 살아갈 것인가'를 설계하는 능력을 길러주는 프로그램입니다.

이 프로그램에서는 우선 현재 상태를 점검합니다. 그러고 나서 작은 실험들을 독려하죠. 선생님이 되고 싶다고 하면 바로 준비하는 것이 아니라 동생이나 후배를 가르쳐 보는 기회를 만들어주는 형식입니다. 그런 다음 여러 가지 가능성을 탐색하게 만듭니다. 스탠퍼드대학교 방식의 가장 독특한 점은 정답을 찾는 게 아니라 실험과 프로토타이핑을 통해 점진적으로 자신에게 맞는 길을 발견해 나간다는 것입니다. 완벽한 계획보다는 유연하고 적응 가능한 접근을 강조합니다.

아이에게 세 가지 다른 인생 시나리오를 그려보게 합니다. '만약 내가 의사가 된다면?', '만약 내가 예술가가 된다면?', '만약 내가 사업가가 된다면?' 이렇게 하면서 점진적으로 자신의 가치와 맞는 인생을 설계하게 하는 것이죠. 그리고 자신의 길을 발견했을 때 실제 경험을 해보게 하고 피드백을 주는 방식으로 운영됩니다.

미국의 한 고등학생은 이 방식을 통해 '환경 문제에 관심이 있다'는 막연한 생각에서 시작해 환경 단체 인턴십을 거쳐 재생에너지 스타트업

체험활동을 하게 하고, 결국 환경공학과 진학이라는 구체적인 경로를 찾아갔다고 합니다. 중요한 건 처음부터 환경공학자가 되겠다고 정한 것이 아니라 단계별로 경험하면서 자연스럽게 방향을 찾아간 것입니다. 스탠퍼드대학교의 〈인생설계〉 프로그램이 우리에게 시사하는 바는 '불확실한 미래에 대비하는 가장 좋은 방법은 변화에 유연하게 적응하는 능력을 기르는 것이다'라는 점입니다.

유연한 진로설계를 해나갈 때 강조해야 할 것은 평생학습, 즉 지속적인 배움입니다. 미래의 일자리는 '정해진 스펙 한 번으로 평생 먹고 사는' 구조가 아닙니다. 오늘날 지식과 기술의 수명은 5년이 채 안 된다고들 합니다. 즉 5년마다 새로운 배움이 늘 있어야 된다는 것이죠.

미국의 미래학자 앨빈 토플러가 강조한 "21세기의 문맹은 배우지 못한 사람이 아니라 학습하고 잊고 다시 배우지 못하는 사람이다"라는 말처럼 유연한 진로설계와 평생학습은 꼭 함께 가야 함을 기억해야 할 것입니다.

진로탄력성: 흔들려도 다시 나아가는 힘

빠르게 변하는 시대에 필요한 진로설계법의 궁극적인 목표는 아이에게 진로탄력성(Career Resilience)을 심어주는 것입니다. 진로탄력성이란 진로와 관련된 위기와 어려움이 닥쳐도 유연하게 대처하고 극복하는 능력을 뜻합니다. 진로설계가 아무리 잘되어 있고 주기적으로 한다 하더라도, 변화의 시대에 진로를 향해 나아갈 때 우리는 수많은 문제에 부딪히게 될 것입니다.

진로탄력성이란 쉽게 말해 넘어져도 다시 일어설 줄 알고, 계획이 틀어져도 다른 길을 찾아 나설 수 있는 힘입니다. 앞서 언급한 지속적인 학습 능력도 진로탄력성의 일부입니다. 여기에 더해 긍정적인 마음가짐, 자기주도성, 환경 변화에 대한 적응 유연성, 그리고 주변과 소통하는 능력 등이 진로탄력성을 구성하는 핵심요소로 꼽힙니다.

이러한 탄력성을 기르기 위해 부모가 해줄 수 있는 것은 실패에 대한 긍정적인 해석과 격려의 문화를 만들어주는 것입니다. 아이가 어떤 도전을 했다가 뜻대로 되지 않더라도 "애초에 하지 말았어야지"가 아니라 "해봤으니까 배운 게 있을 거야"라는 피드백을 주는 것입니다.

요약하자면, AI시대의 진로설계법은 한 방향으로 곧게 뻗은 고속도로라기보다 끊임없이 갈래 길을 만나고 돌아가는 여정에 가깝습니다. 진로계획을 상황에 맞게 수정하고, 가다가 넘어지더라도 다시 일어나서 전진하는 여정일 것입니다. 이런 성공과 실패가 반복되는 그리고 지속적으로 경로를 수정하는 과정 속에서 아이들은 자신들의 길을 헤쳐나갈 방법을 터득할 것입니다.

제 **4** 장

Artificial Intelligence

미래 진로에 대비하는 핵심능력

AI와 디지털 세상 필수 능력: 디지털 리터러시 & AI 리터러시

새로운 시대의 새로운 문해력: 디지털 리터러시

아이들이 스마트폰이나 태블릿을 능숙하게 다루는 모습을 보면, 디지털 네이티브 세대라서 자연스럽게 디지털 능력을 갖고 있다고 생각하기 쉽습니다. 하지만 단순히 기기를 다루는 것과 진정한 디지털 리터러시(Digital Literacy)는 다릅니다.

산업화 시대가 되면서 책과 신문, 잡지 등의 매체가 보편화되고, 문서로 업무를 처리하기 시작하면서 읽고 쓰는 문해력은 현대인들의 중요한 능력이 되었습니다. 말하고 듣는 능력뿐만 아니라 읽고 쓰는 능력이 사회생활을 영위하는 데 중요한 요소로 자리매김했죠. 이런 이유로 국어와 영어는 필수 과목이 되었고, 공장이나 사무실에서는 여기에 더

해 계산하는 능력까지 필요하기에 국어, 영어, 수학은 필수 과목으로
자리 잡았습니다.

4차 산업혁명 시대에는 이런 기본 역량에 더하여 새로운 능력을 필요
로 하고 있습니다. 바로 디지털 리터러시와 AI 리터러시입니다. 과거
에는 읽고 쓰고 계산하는 능력만 있으면 대부분의 일을 할 수 있었지
만, 지금은 디지털 기술을 활용해 정보를 찾고, 분석하고, 창조하는 능
력 없이는 경쟁력을 갖기 어려운 시대가 되었습니다.

10대에 췌장암 진단컵을 개발한 미국의 잭 안드라카(Jack Andraka)의
사례는 디지털 리터러시의 힘을 잘 보여주고 있습니다. 13세 때 가족
처럼 지내던 아저씨가 췌장암으로 세상을 떠나게 되자 이 소년은 췌장
암에 대해 관심을 갖게 됩니다. 인터넷으로 조사를 하던 중 췌장암은
85% 이상이 말기에 발견되고, 생존 확률은 2%밖에 되지 않음을 알게
되죠. 또한 췌장암 진단 키트가 우리나라 돈 80만 원 정도로 비싸고 성
공 확률도 30%이며, 진단 시간이 무려 14시간이나 소요됨을 알게 됩니
다. 잭 안드라카는 이런 부분을 획기적으로 개선할 진단 키트를 만들
기로 결심합니다. 인터넷을 통해 꾸준히 질문을 던지며 답을 구해 나
갔으며 4,000번의 실패에도 좌절하지 않았던 그는 불과 16세의 나이에
혁신적인 췌장암 진단 키트를 발명하게 됩니다. 그가 이룬 업적은 비
용을 80만 원에서 30원으로, 시간을 14시간에서 단 5분만에, 성공 확률
을 30%에서 90%까지 끌어올리는 획기적인 췌장암 진단 키트를 만들

어 낸 것입니다. 그는 다음과 같이 말했습니다.

"이 나이에 이걸 어떻게 했냐고요? 그동안 제가 배운 최고의 교훈은 바로 인터넷에 모든 것이 있다는 것이었죠. 개발에 필요한 논문들은 인터넷에서 쉽게 구할 수 있었어요. 또 대부분의 아이디어 역시 인터넷에서 습득했습니다. 인터넷을 심심풀이로 이용하지 말고 세상을 바꿀 수 있는 도구라고 생각해보세요. 인터넷에 정보는 얼마든지 있어요. 뭔가를 만들어 내겠다는 생각만 있으면 할 수 있는 일이 얼마든지 있다고 생각합니다."

잭 안드라카의 발명 과정은 대부분이 인터넷으로 이루어졌습니다. 인터넷에서 논문을 찾고, 이메일로 전문가에게 도움을 요청하고, 온라인 커뮤니티에 들어가 새로운 정보를 찾아내는 등 디지털 기술을 활용하는 역량을 바탕으로 성과를 이뤄냅니다. 잭 안드라카는 디지털 리터러시의 모범 사례를 잘 보여주고 있습니다.

디지털 리터러시에 대해 코넬대학교에서 정리한 정의에 따르면 '정보 기술과 인터넷을 활용해 콘텐츠를 찾아내고, 평가하고, 공유하고, 창조하는 능력'으로 설명할 수 있습니다.

인터넷과 디지털 기술 기반으로 엄청난 정보를 일반인들이 접할 수 있는 시대가 되었습니다. 과거 고급 논문자료를 보려면 그 대학에 입학하거나, 해당 대학에 다니는 친구에게 부탁해 어렵게 얻곤 했습니다. 하지만 최근에는 모바일로도 고급 논문자료에 접근하기가 수월해졌으며, 이를 바로 다른 친구들과 공유해 함께 토론할 수 있게 되었습니다. 또한 다양한 아이디어들은 공유 문서를 통해 함께 창조해 나갈 수 있습니다.

디지털 리터러시는 디지털 시대를 살아가는 데 필수 능력입니다. 이 능력을 가진 사람은 그렇지 못한 사람보다 수백에서 수천 배의 정보력과 업무 처리 속도를 보여줄 수 있습니다. 단순히 컴퓨터나 스마트폰을 잘 다루는 것이 아니라, 디지털 환경에서 의미 있는 결과를 창출해 내는 능력이 진정한 디지털 리터러시입니다.

디지털 리터러시를 키우는 세 가지 방법

그렇다면 우리 아이들이 디지털 리터러시 능력을 키우기 위해서는 어떻게 해야 할까요? 여기서는 세 가지 핵심적인 방법에 대해 살펴보겠습니다.

먼저 디지털 기기와 서비스에 친숙해지는 것이 중요합니다. 스마트폰, 노트북, 태블릿 등 디지털 기기와 각종 애플리케이션 서비스나 웹사이트에 익숙해지고 제대로 활용하는 것이 매우 중요합니다. 하지만 여기서 중요한 것은 단순히 게임이나 동영상 시청을 위한 사용이 아니라 학습과 창작을 위한 도구로 활용하는 것입니다. 아이들은 유튜브나 게임으로 디지털 기기와 친숙해졌지만 이를 자신의 성장과 발전을 위한 도구로 활용할 수 있도록 유도해주는 것이 필요합니다. 예를 들어 프레젠테이션 도구로 아이디어를 시각화 하거나, 협업 도구로 친구들과 함께 프로젝트를 진행하거나, 온라인 플랫폼을 통해 자신의 작품을 공유하는 경험을 하는 것이죠. 이런 경험을 통해 아이들은 디지털 도구가 단순한 오락거리가 아니라 자신의 아이디어를 실현하고 세상과 소통하는 강력한 수단임을 깨닫도록 유도해야 합니다.

두 번째로는 질문 능력을 키워야 합니다. 디지털 콘텐츠 소비의 경우 대부분 검색을 통해 이루어집니다. 검색은 질문을 통해 이루어집니다. 어느 분야에 호기심을 가지고 질문하는 것이 습관이 될 때 디지털 리터러시 능력은 향상됩니다.

잭 안드라카의 췌장암 진단 키트에 대한 질문은 더 큰 발전으로 이끄는 원동력이 되었습니다. 어떤 현상이나 사물을 보고 새로운 시각에서 질문하는 능력은 더욱 중요해질 것입니다. 과거 정보의 접근이 쉽지 않은 사회에서는 정보를 외우는 능력이 중요했습니다. 하지만 지금과 같이 인터넷에 모든 정보가 있는 시대에는 질문을 잘 던지는 것이 외우는 것보다 훨씬 중요합니다.

"왜 이런 일이 일어날까?", "더 좋은 방법은 없을까?", "다른 사람들은 어떻게 해결했을까?"와 같은 질문을 던지는 습관을 기르는 것이 중요합니다. 질문 능력은 디지털 리터러시뿐만 아니라 지속적인 성장에도 중요한 역할을 합니다.

세 번째는 비판적 사고력을 키워야 합니다. 아이들의 경우 디지털 정보를 비판 없이 그대로 받아들이는 경우가 많습니다. 디지털 정보 중 유용한 것과 그렇지 않은 것, 진실된 것과 거짓된 것들을 구분하며 활용하는 사고력과 능력을 키워주는 것이 필요합니다. 홍수처럼 쏟아지는 디지털 콘텐츠를 정확하게 이해하고 판단하고 활용하는 능력을 키우는 것이 중요합니다.

AI시대의 새로운 필수 능력: AI 리터러시

최근 디지털 리터러시만큼 중요하게 등장하고 있는 것이 바로 AI 리터러시입니다. AI 리터러시(AI Literacy)란 인공지능의 기본 개념과 작동 원리를 이해하고, AI 도구를 효과적이고 윤리적으로 사용할 수 있는 능력을 의미합니다. AI 리터러시는 AI 기술을 단순히 사용하는 것뿐만 아니라, AI가 사회·경제·윤리적 측면에서 어떤 영향을 미치는지 이해하는 부분까지 포함하는 개념입니다.

생성형 AI의 등장으로 기업들은 구성원들의 생산성 향상에 주목하고 있습니다. 기업의 생산성에 상당히 긍정적 효과를 미치고 있으며, 이를 적극적으로 도입하는 기업들이 증가하고 있습니다. 생성형 AI와 생산성에 관련된 많은 연구가 발표되었는데, 이 중 몇 가지 주목할 만한 사례는 다음과 같습니다.

전미경제연구소(National Bureau of Economic Research, NBER)에서는 생성형 AI가 생산성에 미치는 영향에 대한 연구를 진행했습니다. 5,179명의 고객 지원 상담원을 대상으로 두 그룹으로 나눠 한 그룹은 생성형 AI를 사용하지 않고 다른 한 그룹은 생성형 AI 기반의 상담 도우미 시스템을 활용하게 만들었습니다. 이 두 그룹의 문제해결률, 시간당 채팅 수, 평균 처리 시간이라는 생산성 지표를 비교한 결과 전 분야에 걸쳐 생성형 AI를 활용한 그룹의 결과치가 높았습니다. 평균 14% 정도의 생산성 향상 결과가 있다고 발표했습니다.

MIT에서 경제학 전공 박사들이 진행한 실험은 더욱 흥미로운 결과를 보여줍니다. 400여 명의 대졸 대상자를 두 그룹으로 나누어 한 그룹은 챗GPT를 활용하게 하고 다른 그룹은 활용하지 못하게 했습니다. 그리고 이들에게 이메일 및 보고서를 작성하도록 지시했습니다. 결과는 챗GPT를 사용한 그룹이 30분에서 17분으로 거의 절반가량 시간이 절감되었으며 문서의 품질도 7점 만점에 4.7점으로 챗GPT를 사용하지 않은 그룹보다 0.7점 정도 더 높았습니다. 문서 작성의 시간 및 품질 면에서 생산성이 향상되었음을 보여주고 있습니다.

AI는 자신의 능력을 높이는 강력한 도구로 활용될 수 있습니다. 여기에 더해진 AI 리터러시는 자신의 능력을 더욱 증강시켜 줄 수 있는 능력입니다.

AI 리터러시의 그림자: 스킬 부채 함정

하지만 AI 리터러시의 중요성을 강조하다 보면 자칫 AI에 대한 무분별한 의존을 부추길 수 있다는 우려가 있습니다. 실제로 교육 현장에서는 AI 활용을 둘러싼 뜨거운 논쟁이 벌어지고 있습니다. 그 중심에는 '스킬 부채(Skill Debt)'라는 새로운 개념이 있습니다.

스킬 부채란 단기적인 편의와 성과를 위해 AI에 과도하게 의존하면서, 장기적인 핵심역량과 사고력이 발달하지 못하게 되어 나중에 더 큰 문제로 돌아오는 보이지 않는 부채를 말합니다. 마치 돈을 빌려 당장의 문제는 해결했지만 나중에 더 큰 이자를 물어야 하는 것과 같습니다. 쉽게 말해서 지금은 AI 덕분에 과제도 빨리 끝내고 시험 점수도 좋게 나오지만, 정작 아이들이 갖춰야 할 문제해결력과 창의력 등 진짜 실력은 향상되지 않거나 오히려 떨어지고 있는 현상을 말합니다.

미국 펜실베이니아대학교 연구 팀이 터키의 한 고등학교에서 학생 1,000명을 대상으로 흥미로운 실험을 진행했습니다. 수학 문제를 풀 때 챗GPT를 사용할 수 있게 한 그룹과 그렇지 않은 그룹으로 나누어

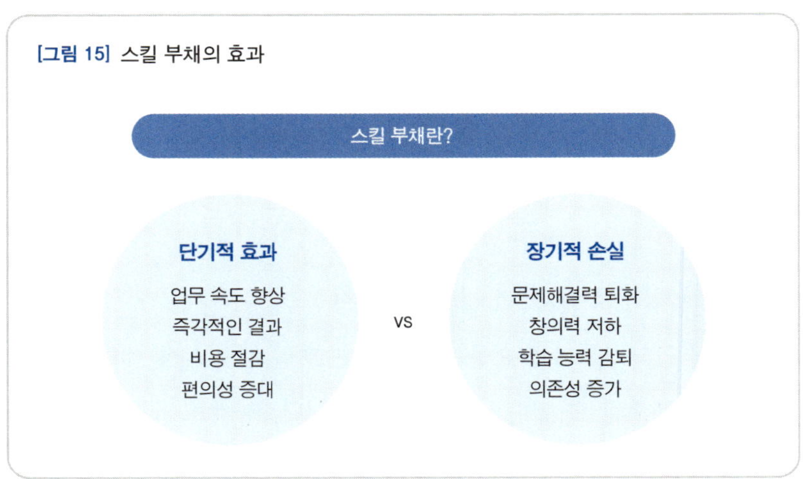

실험했습니다. 첫 번째 테스트에서는 챗GPT를 사용한 그룹이 48%의 성취도 향상을 보였습니다. 당연히 AI를 활용한 학생들이 더 높은 점수를 받았습니다. 하지만 일정 기간이 지난 후 AI 없이 치른 두 번째 테스트에서는 챗GPT를 사용했던 그룹의 성적이 처음부터 AI를 사용하지 않은 그룹보다 오히려 17% 낮게 나온 것입니다. 2024년 연구 팀의 논문 제목이 〈생성형 AI는 학습에 해가 될 수 있다(Generative AI Can Harm Learning)〉였던 이유입니다. AI의 즉각적인 도움이 장기적으로는 문제해결력을 떨어뜨리게 된다는 결론이 나왔습니다.

델라웨어대학교 교육학과 조슈아 윌슨(Joshua Wilson) 부교수는 "우리의 사고력은 글쓰기 과정을 통해 향상된다"고 말하며 "챗GPT는 과정을 생략하고 완성품으로 점프하는 것으로 학생들이 사고하는 방법을 완전히 잃을 수 있다"고 우려를 표했습니다.

지능 연구로 유명한 로버트 스턴버그(Robert Sternberg) 코넬대학교 교수는 "생성형 AI시대에 가장 큰 우려는 인간의 창의성이나 지능이 손상될 수 있다는 것이 아니라 이미 손상됐다는 것이 중요하다"라고 경고하기도 했습니다.

그렇다면 AI 교육을 포기해야 할까요? 그렇지 않습니다. AI는 스킬 부채에도 불구하고 잘 활용하면 매우 강력한 도구임에는 틀림없습니다. 중요한 것은 균형입니다. AI를 도구로 활용하되 장기적 핵심역량을 소홀히 하지 않는 학습과 성장이 필요합니다.

우리는 아이들에게 AI를 활용할 때 사용 목적을 구분해서 활용하도록 해야 합니다. 수학 문제를 풀면서 어렵다고 느낄 때 AI에 의존하면 수학적 사고를 할 필요가 없게 됩니다. 아이가 어려운 문제를 만났을 때 곧바로 AI에 답을 묻기보다는 던저 스스로 생각해볼 시간을 주는 것이 중요합니다. 즉 AI는 의존이나 숙제를 대신하는 용도가 아니라 개념 설명을 듣거나 아이디어를 얻는 등 학습을 증진시키는 역할이 핵심이라는 사실을 명확히 알려주어야 합니다.

아쉽게도 2025년 지디넷(ZDNet) 보도에 따르면 61.2%의 학생이 학습을 증진시키는 용도로, 41.9%가 숙제를 대신하는 자동화 용도로 AI를 사용했다고 합니다. 따라서 AI를 활용할 때 학습을 증진시키는 용도는 장려하되 과제나 숙제를 자동화하는 용도로 사용하는 부분은 장기적인 능력 발전에 도움이 되지 않음을 주지시킬 필요가 있습니다.

또한 AI 활용 시 비판적 사고력을 함께 기르도록 해야 합니다. AI가 제공한 답이 정말 맞는지, 다른 관점은 없는지 함께 살펴보는 습관을 길러주는 것이 필요합니다.

인간만의 능력, 소프트 스킬의 중요성

소프트 스킬이란?

하버드대학교 심리학과 교수 스티븐 핑커(Steven Pinker)는 35년 동안의 AI 연구를 통해 흥미로운 역설을 발견했습니다. "AI가 어려워하는 문제는 인간에게 쉽고, 인간에게 쉬운 문제는 AI에게는 어렵다"는 것입니다.

이런 현상은 앞에서도 언급했듯이 모라벡의 역설이라 불립니다. AI는 체스나 바둑 같은 복잡한 논리적 게임에서는 인간을 압도합니다. 수십억 가지의 경우의 수를 계산하고 최적의 수를 찾아내죠. 하지만 일상적인 대화에서 상대방의 기분을 읽거나, 갈등상황에서 중재를 하거나, 팀워크를 발휘하는 일은 여전히 인간이 훨씬 뛰어납니다. 이렇게 갈등

을 관리하거나 팀워크를 발휘하는 등 인간 고유의 능력을 소프트 스킬
(Soft Skills)이라 부릅니다.

링크드인 부사장 아니쉬 라만(Aneesh Raman)은 "대학 학위보다 소프트
스킬이 더 중요하다. 인터넷 시대엔 컴퓨터 과학 학위나 코딩 능력이
중요했다면, AI시대엔 적응력이 중요하다"고 말했습니다. 기술적 지
식은 AI가 대체할 수 있지만 인간관계 속에서 발휘되는 소프트 스킬은
여전히 인간만의 영역입니다.

소프트 스킬은 대인관계나 개인적 속성에 관련된 능력을 의미합니다.
의사소통, 리더십, 팀워크, 창의성, 문제해결력, 적응력, 감정조절력 등
이 대표적입니다. 이는 측정 가능하고 가르칠 수 있는 기술적 능력인
하드 스킬(Hard Skills)과 구분됩니다. 하드 스킬은 언어 능력, 엑셀, 파
워포인트, 프로그래밍 스킬 등이 대표적입니다. 소프트 스킬을 인간적
스킬 또는 대인관계 스킬이라고도 부르는 이유는, 이런 능력들이 주로
사람과 사람 사이의 상호작용에서 발휘되기 때문입니다. 프로그래밍
언어를 배우거나 회계 지식을 습득하는 것처럼 명확한 정답이 있는 하
드 스킬과 달리, 소프트 스킬은 상황과 맥락에 따라 다르게 적용되는
유연한 특성을 가지고 있습니다. 예를 들어 같은 메시지라도 누구에게
어떻게 전달하느냐에 따라 결과가 완전히 달라질 수 있습니다. 이런
미묘한 차이를 판단하고 적절히 대응하는 능력이 바로 소프트 스킬입
니다.

기술 중심 기업의 대표주자인 구글에서 2008년 실시한 〈산소(Oxygen) 프로젝트〉는 많은 사람을 놀라게 했습니다. 구글은 데이터 분석을 통해 고성과 관리자들의 공통점을 찾아내려 했습니다. 수천 명의 관리자를 대상으로 성과 평가, 설문조사, 면접 결과를 철저히 분석한 결과는 예상과 달랐습니다.

해당 프로젝트에서 고성과 관리자가 되기 위한 여덟 가지 핵심스킬 중 일곱 가지가 소프트 스킬이었습니다. 기술적인 하드 스킬은 단 하나에 불과했습니다.

구글처럼 최첨단 기술을 다루는 회사에서조차 리더십의 핵심스킬 중 일곱 가지가 소프트 스킬이었던 것입니다. 이는 아무리 기술이 발전해

[그림 16] 구글의 〈산소 프로젝트〉 중 여덟 가지 핵심스킬

**Google's Project Oxygen:
Attributes of High Performing Managers**

1. Be a good coach
2. Empower your team and don't micro-manage
3. Express interest in employees' success and well-being
4. Be productive and results-oriented
5. Be a good communicator and listen to your team
6. Help your employees with career development
7. Have a clear vision and strategy for the team
8. Have key technical skills, so you can help advise team

출처: www.kevburns.com/blog/when-employees-dont-give-you-safety-performance

도 결국 조직을 이끄는 것은 사람이고, 사람을 움직이는 것은 기술이
아니라 인간적 역량이라는 점을 명확하게 보여준다고 하겠습니다. 여
러 연구기관들의 조사 결과도 소프트 스킬의 중요성을 뒷받침합니다.

소프트 스킬과 하드 스킬의 차이

하드 스킬은 측정 가능하고 가르칠 수 있는 기술적 능력입니다. 프로
그래밍 언어, 외국어 실력, 회계 지식, 기계 조작법 등이 여기에 해당
됩니다. 명확한 정답이 있고 객관적으로 평가할 수 있는 특징이 있습
니다. 반면 소프트 스킬은 대인관계나 개인적 속성과 관련된 능력입니
다. 의사소통, 리더십, 팀워크, 창의성, 문제해결력, 적응력 등이 포함
됩니다. 상황에 따라 다르게 적용되고 주관적 평가가 필요한 특성을
가지고 있습니다.

따라서 하드 스킬은 교육과 실습을 통해 체계적으로 배울 수 있습니
다. 교실에서 이론을 배우고, 실습을 통해 숙련도를 높이며, 시험을 통
해 객관적으로 평가할 수 있습니다. 자격증으로 능력을 증명할 수도
있죠. 하지만 소프트 스킬은 경험과 상호작용을 통해 학습됩니다. 실
제 상황에서 다른 사람들과 부딪히며 시행착오를 겪으면서 체득하는
것이 가장 효과적입니다. 피드백이나 행동 관찰을 통해 주관적으로 평
가됩니다.

[그림 17] 소프트 스킬 vs 하드 스킬

	소프트 스킬	하드 스킬
학습방식	경험 중심, 상호작용	교육 및 실습, 명확한 커리큘럼 존재
평가방법	주관적(피드백, 형동 관찰 등)	객관적(시험, 인증)
개발기간	상대적으로 긴 시간(점진적)	상대적 단기 집중 학습
적용범위	다양한 환경, 직무, 산업에 적용 (활용범위 넓음)	특정 직무, 산업 등에 특화 (활용범위 좁음)

하드 스킬은 상대적으로 단기간에 집중 학습으로 습득할 수 있습니다. 몇 주나 몇 개월의 집중 교육으로도 상당한 수준에 도달할 수 있습니다. 하지만 소프트 스킬은 상당한 시간에 걸쳐 점진적으로 발달합니다. 몇 년에 걸친 다양한 경험과 성찰을 통해서만 진정한 역량으로 자리 잡습니다.

하드 스킬은 특정 직무나 산업에 특화되어 있습니다. 특정 프로그래밍 언어나 회계 소프트웨어는 관련 분야에서만 유용합니다. 또한 기술의 발전으로 인해 해당 스킬의 수명이 짧아질 수 있습니다. 하지만 소프트 스킬은 다양한 환경, 직무, 산업에 적용됩니다. 리더십이나 의사소통 능력은 어떤 분야에서든 필요하죠. 또한 지속가능성을 가지며 시간이 지날수록 더욱 가치가 높아집니다.

소프트 스킬은 오래 걸리고 힘든 여정을 거쳐야 하지만, 한번 습득하면 잘 바뀌지 않고 다양한 분야에 지속적으로 쓰일 수 있다는 장점을 가지고 있습니다. 또한 인공지능으로 대체 가능성이 낮기 때문에 AI시대 우리가 반드시 주목해야 할 스킬입니다.

소프트 스킬의 개발: 일회성이 아닌 여정으로

소프트 스킬 개발은 하드 스킬과는 완전히 다른 접근이 필요합니다. 많은 사람이 하드 스킬을 배우듯 소프트 스킬을 개발하려다 실패하곤 합니다. 리더십 1박 2일 교육, 창의력 한 달짜리 온라인 교육 등 일회성 학습으로 소프트 스킬을 마무리하려 합니다. 하지만 소프트 스킬은 하루아침에 완성되지 않습니다. 의사소통 능력이나 리더십은 몇 번의 강의를 듣는다고 갑자기 향상되지 않습니다. 수년에 걸친 꾸준한 연습과 성찰이 필요합니다. 예를 들어 진정한 리더십을 기르려면 실제로 팀을 이끌면서 실패도 겪고, 갈등 상황도 경험하고, 다양한 사람들의 성향을 파악하는 과정을 거쳐야 합니다. 이러한 경험들이 쌓여야 비로소 상황에 맞는 적절한 리더십을 발휘할 수 있게 됩니다. 하드 스킬은 이론을 먼저 배우고 실습을 통해 적용할 수 있습니다. 하지만 소프트 스킬은 실제 경험이 훨씬 중요합니다. 커뮤니케이션 이론을 아무리 많이 알아도, 실제 상황에서 화난 고객을 진정시키거나 팀원들 간의 갈등을 조정하는 것과는 차원이 다릅니다.

아이들의 소프트 스킬 개발을 위해서는 반드시 기억해야 할 것이 있습니다. 우선 소프트 스킬은 단기적 교육으로 완성되지 않는다는 점을 인지해야 합니다. 오랜 시간이 소요되며 끝이 지속적인 성장의 과정임을 알고 접근해야 합니다. 커뮤니케이션 능력을 높이기 위한 단기적인 접근보다는 다양한 활동고 프로젝트 참여 그리고 긴 호흡으로 접근하는 것이 필요합니다.

두 번째로는 다양한 학습경험이 동반되어야 한다는 점입니다. 문제해결 능력과 창의력을 키워주기 위해서 강의식 수업을 듣게 한다는 접근은 올바른 방식이 아닙니다. 창의력 경진대회를 오랫동안 준비하거나 동아리 혹은 모둠 실습에서 실제 문제해결을 해 나가는 것이 좋은 방식입니다. 즉 소프트 스킬 향상을 위해서는 공부가 아닌 다양한 경험과 단기적 관점이 아닌 장기적인 관점으로 접근해 나가는 것이 꼭 필요합니다.

미래를 준비하는 핵심 소프트 스킬 4C

그렇다면 소프트 스킬 중에 가장 주목받고 있는 스킬에는 어떤 것들이 있을까요? 우리가 흔히 4C 스킬이라 말하는데 Creativity(창의성), Collaboration(협업), Critical Thinking(비판적 사고), Communication(소통)이 대표적인 소프트 스킬입니다.

창의력(Creativity): 새로운 것을 만들어 내는 힘

비즈니스 사상가인 다니엘 핑크(Daniel H. Pink)가 자신의 책《새로운 미래가 온다(A Whole New Mind)》에서 지금까지는 프로그래머, 변호사, MBA 같은 전문직이 대접받았지만, 이제는 완전히 다른 사람들의 시대가 온다고 강조했습니다. 창조하고 공감하는 사람, 예술가, 발명가, 디자이너, 스토리텔러 같은 사람들이 사회에서 가장 큰 성공을 거둘 것이라고 말이죠.

실제로 요즘 인기 직업들을 보면 유튜버, 웹툰 작가, 안무가, 발명가 등등 모두 새로운 영역을 창조해 내는 일들입니다. 이런 창의적인 영역은 아무리 AI가 발달해도 사람만이 할 수 있는 고유한 분야이기 때문입니다.

협업(Collaboration): 함께 더 큰 것을 만들어 내는 능력

기계는 1+1일 경우 2밖에 안 되지만 사람들이 힘을 합치면 1+1은 10이 될 수도 있습니다. 우리가 많이 활용하는 위키백과는 전 세계 사람들이 함께 만든 백과사전으로, 협업의 힘으로 세계 최고의 백과사전이 됐습니다. 깃허브(GitHub)라는 프로그래밍 사이트도 마찬가지입니다. 개발자들이 서로 코드를 공유하고 발전시키면서 엄청난 결과물들을 만들어 내고 있습니다. 특히 요즘엔 인터넷만 연결되면 전 세계 어디서든 협업이 가능합니다. 이런 디지털 환경에서 협업의 힘은 정말 놀라운 결과를 만들어 내죠.

비판적 사고력(Critical Thinking): 다양한 시각으로 생각하는 힘

우리는 엄지손가락 없이 물건을 잡기 어렵습니다. 엄지가 반대편에서 받쳐줘야 제대로 잡을 수 있는 것이죠. 비판적 사고도 마찬가지입니다. 한쪽 관점만 보지 말고 여러 각도에서 생각해보는 것입니다. 복잡하고 빠르게 변화하는 요즘 세상에서는 이런 다양한 관점에서 사고할 수 있는 능력이 꼭 필요합니다. 우리 아이들에게 인문학, 예술, 과학 등 다양한 분야를 접하게 해주면 각각의 관점에서 생각해보는 능력을 키울 수 있습니다.

커뮤니케이션(Communication): 마음을 주고받는 소통의 기술

기업에서 발생하는 문제의 60%가 소통 부족 때문이라고 합니다. 그만큼 중요한 능력입니다. '163 법칙'이라는 것이 있습니다. 10분 만날 때 인사 1분, 상대 이야기 듣기 6분, 내 이야기 3분으로 배분하라는 것입니다. 말하기보다 듣기가 2배 더 중요하다는 뜻이기도 합니다.

인지행동치료자 데이비드 번즈(David D. Burns)는 이런 말을 했습니다. "소통에서 가장 큰 실수는 자신의 견해와 감정 표현에 우선순위를 두는 것입니다. 사람들이 진정 원하는 것은 자기 말을 들어주고 이해해주는 것입니다." 기계와 달리 사람은 공감해야 대화할 수 있고, 말속에 숨겨진 진짜 의미를 파악할 수 있습니다. 이것이 바로 인간만의 특별한 소통 능력입니다.

앞에서 설명한 4C 스킬들은 서로 연결되어 있습니다. 창의적인 아이디어가 있어도 소통을 잘해야 다른 사람들에게 전달할 수 있고, 협업을 통해 더 큰 결과를 만들 수 있습니다. 비판적 사고로 아이디어를 다듬고 발전시킬 수도 있습니다.

빠른 변화에 대응하는 적응력과 회복탄력성

변화하는 시대의 새로운 능력: 적응력과 회복탄력성

세계적인 경영학자 피터 드러커(Peter Drucker)는 "이 세상에서 변화하지 않는 유일한 것은 모든 것이 항상 변화한다는 사실 한 가지"라고 말했습니다. 코로나19 팬데믹, 급속한 디지털 전환, AI의 등장, 지정학적 위기, 기후변화 등 복합적인 위기 요소들이 동시에 발생하면서 기업과 개인 모두 극심한 불확실성에 직면하고 있습니다.

이러한 초불확실성의 시대에는 기존의 역량만으로는 경쟁력을 유지하기 어렵습니다. 아무리 뛰어난 기술적 능력을 갖추고 있더라도, 변화에 적응하지 못하면 순식간에 도태될 수 있기 때문입니다. 그렇다면 이러한 변화의 시대에 우리에게 필요한 핵심역량은 무엇일까요? 바로 적응력(Adaptability)과 회복탄력성(Resilience)입니다. 이 두 능력은 불확실하고 급변하는 환경에서 살아남을 수 있도록 도와줄 뿐만 아니라, 오히려 변화를 성장의 기회로 전환할 수 있게 해주는 핵심능력이 되고 있습니다.

변화에 빠르게 대응하는 적응력

적응력은 새로운 상황, 도전, 기회에 직면하여 적응하고 발전하며 성공할 수 있는 능력입니다. 이는 개인이 불확실성을 헤쳐나가고 혁신을 수용할 수 있도록 하는 능력입니다. 한국고용정보원의 조사에 의하면 과거에는 열정이나 책임감 같은 덕목을 가장 중요하게 여겼지만, 현재와 미래에 가장 중요한 능력으로는 위기대처 능력과 적응력을 꼽았습니다. 기술적 지식은 AI가 대체할 수 있지만 변화하는 환경에 유연하게 반응하고 새로운 기회를 포착하는 적응력은 여전히 인간만의 고유한 영역인 것이죠.

그렇다면 변화에 적응하는 능력은 어떻게 개발할 수 있을까요? 적응력을 키우려면 자기 인식과 안전지대에서 벗어나려는 의지가 필요합니다. 변화에 대한 저항을 인정하고 그러한 생각에 도전하는 것으로 시작해야 합니다. 새로운 아이디어에 열려 있고, 다른 관점을 추구하며 점차 익숙하지 않은 상황에 노출되는 연습을 지속적으로 하는 것이 중요합니다. 그럼 시간이 지나면서 회복력과 적응력이 더 좋아질 것입니다.

회복탄력성의 정의와 본질

회복탄력성은 영어 resilience를 번역한 용어로 '되돌아온다', '다시 튀어 오른다'라는 뜻을 가진 라틴어 'resilire'에서 유래되었습니다. 고무공을 바닥에 던지면 다시 튀어 오르는 것처럼, 회복탄력성은 역경에 주저앉지 않고 바닥을 딛고 다시 솟아오르는 특성을 가지고 있습니다.

조직환경에서 회복탄력성의 의미를 적용하면, 심리적·신체적 기능을 유지하면서 스트레스와 역경을 이겨내는 능력과 프로세스입니다. 다시 말하면 심리적, 물리적, 환경적으로 상당한 스트레스와 변화의 상태를 견뎌낼 수 있는 능력이라고 할 수 있습니다.

세계경제포럼의 〈2025 미래 일자리 보고서〉에 따르면, 전 세계 기업들이 뽑은 핵심 직무 능력 1위는 분석적 사고력이고, 2위가 바로 회복탄력성과 유연성, 민첩성으로 나타났습니다. 복잡하고 변화무쌍한 시대에 실패와 역경을 극복하는 능력이 그만큼 중요해지고 있다는 의미입니다.

발명가 토머스 에디슨은 수많은 실패를 거듭하고도 "나는 실패한 것이 아니다. 나는 성공하지 못한 1만 가지 길을 찾은 것뿐이다"라고 했습니다. 그의 이러한 회복탄력성은 1,000여 개의 특허와 현대 문명의 기초가 되는 발명품들을 탄생시켰습니다. 월트 디즈니는 지역신문사에서 창의성이 부족하다는 이유로 해고되었으며, 그의 첫 사업은 파산했습니다. 하지만 이러한 실패를 딛고 일어서서 세계 최대 엔터테인먼트 제국을 건설했습니다. 마이클 조던은 고등학교를 졸업할 때 대학 농구 팀 지명을 받지 못해 실의에 빠져 일탈의 나날을 보낸 경험이 있습니다. 하지만 가족의 사랑으로 실패를 극복하고 결국 NBA 스타 플레이어로 자리매김했습니다.

작가 J. K. 롤링 또한 이혼 후 딸 하나만 데리고 직장도 없이 정부 보조로 겨우 먹고 사는 처지에 있었습니다. 하지만 거기에 머물지 않고 낡은 타자기 한 대와 소설가로 성공하겠다는 꿈만 가지고 작품을 써내려 갔습니다. 무려 12번이나 거절당했지만 포기하지 않고 13번째로 찾아간 작은 출판사에서 간신히 책을 출판하게 되었고, 그 한 권으로부터 전 세계적인 해리포터 신화는 시작되었습니다. 그녀는 "몸을 사리고 조심하면 실패를 면할지 모르지만 그것은 삶이 아니다. 실패가 두려워 아무 시도도 하지 않는다면 삶 자체가 실패가 된다"는 말을 남겼습니다.

그럼 미래에 더욱 강조되고 있는 회복탄력성이 높은 사람들은 어떤 공통적인 특징들을 가지고 있을까요?

첫 번째로 회복탄력성이 높은 사람은 큰 그림 속에서 바라보는 시각을 가지고 있습니다. 실패나 역경을 큰 그림 속 하나의 과정으로 바라보는 것이죠. 1940년대 초 두 사람이 8,848m의 에베레스트 정상에 도전했지만 실패했습니다. 그러나 그들은 실패에 좌절하지 않았고 산을 내려오면서 한 청년이 이렇게 말했습니다. "에베레스트, 너는 자라지 못한다. 그러나 나는 자랄 것이다! 그리고 반드시 돌아올 것이다." 이 청년은 10년 후 다시 에베레스트로 돌아왔고, 1953년 5월 29일 마침내 등반에 성공했습니다. 이 사람이 바로 최초로 에베레스트를 오른 에드먼드 힐러리(Edmund Percival Hillary)입니다.

두 번째로 회복탄력성이 높은 사람들은 너무 낙관적이지도 비관적이지도 않습니다. 제한된 긍정성, 즉 균형잡힌 현실 인식을 갖고 있습니다. 실패에 맞닥뜨렸을 때 현실을 직시할 기회로 보고, 현실을 정확하게 파악하여 자신의 수준이 어디인지를 점검합니다. 그리고 이를 바탕으로 다시 도전합니다. 실패를 통해 성장하려면 너무 낙관적인 것도 비관적인 것만큼 도움이 되지 않기 때문입니다.

세 번째로 회복탄력성이 높은 사람들은 큰 목표를 잘게 쪼개며 이를 바로 시도하고 실행하고자 합니다. "시도하지 않으면 실패도 없다"는 말처럼 이들은 지속적으로 실행하고 실패하며 성장합니다. 시도와 실패의 반복이 자신의 성장과 성공을 위해 무엇보다 중요하다는 것을 알고 있기 때문입니다.

마지막으로 회복탄력성이 높은 사람들은 그들 주변에 도와줄 사람들, 즉 강력한 지원 네트워크가 있습니다. 아무리 강철 마인드라 하더라도 모든 실패와 스트레스를 혼자 감당하기에는 무리가 있겠죠. 이들의 주변에는 도와주는 이들이 있고, 회복탄력성이 높은 사람은 주변 사람들을 잘 활용하고 이들의 도움을 기꺼이 수용합니다.

적응력과 회복탄력성은 타고나는 것이 아니라 후천적으로 충분히 기를 수 있는 마음의 근육입니다. 미국심리학회에서도 회복탄력성은 특정 사람에게만 주어진 고정 능력이 아니며 누구나 단련할 수 있는 능력이라고 강조합니다.

적응력과 회복탄력성을 높이기 위해서는 다양한 역할 놀이와 새로운 활동에 도전하는 것이 필요합니다. 아이를 어릴 때부터 다양한 경험에 노출하는 것이 중요합니다. 새로운 운동이나 악기를 배워보게 하거나, 여행지에서 색다른 문화를 접하는 등 낯선 상황에 맞닥뜨리는 연습이 필요합니다. 처음엔 아이가 두려워할 수도 있지만, 해보니 생각만큼 어렵지 않고 재미있었다는 성취 경험이 쌓이면 변화에 대한 두려움이 줄어듭니다. 일상에서도 가끔 예고 없이 작은 변화를 주는 것도 방법입니다. 이를테면 예정에 없던 가족 나들이를 가거나, 여행지 선택권을 아이에게 주어 갑작스러운 상황 변화를 통해 유연한 일상을 체험하게 해보세요. 익숙한 루틴에서 벗어나 보는 이러한 작은 도전들이 모여 적응력 근육을 키워줍니다.

지금까지 살펴본 것처럼 적응력과 회복탄력성은 급변하는 미래 사회를 살아갈 우리 아이들에게 반드시 필요한 능력입니다. 오늘날 아이들이 성인이 되어 가질 직업은 지금 이 세상에 존재하지 않을 수도 있습니다. 20년 전만 해도 앱 개발자나 소셜미디어 매니저 같은 직업은 들어본 적조차 없던 것처럼 말입니다. 또한 앞으로의 직업 변화는 더욱 빨라질 것입니다.

회복탄력성과 적응력이 뛰어난 아이는 새로운 기술이 등장하고 직업 환경이 바뀔 때 두려워하기보다 기회를 잡아 도약할 수 있습니다. 또한 예상치 못한 실패를 만나도 쉽게 무너지지 않고 배우면서 다시 나아갈 힘을 냅니다. 결국 아이를 경쟁력 있게 키운다는 것은 수많은 학원 수업이나 스펙을 쌓아주는 일 이상으로, 스스로 변화에 대응하고 역경을 이겨낼 수 있는 내적 역량을 길러주는 일일 것입니다. 우리 아이들이 어떤 미래를 만나든지 스스로 길을 찾아 나갈 수 있는 유연한 적응력과 꺾이지 않는 마음을 가질 수 있도록 부모는 한 걸음 뒤에서 든든한 코치가 되어야 할 것입니다.

기본에 충실한 인성과 책임감

인성이 경쟁력이다: AI시대에도 변하지 않는 가치

애플 창업자 스티브 잡스(Steve Jobs)가 애플을 세계 최고의 기업으로 만들 수 있었던 비결은 무엇일까요? 뛰어난 기술력? 혁신적인 디자인? 물론 이런 것들도 중요했지만, 그보다 더 근본적인 것이 있었습니다. 바로 올바른 사람과 함께 일하겠다는 그의 철학이었습니다. 잡스는 채용과정에서 기술적 능력보다 인성을 더 중요하게 봤습니다. "우리는 A급 인재만 뽑는다. 그런데 여기서 A급이란 단순히 실력이 뛰어난 사람이 아니라 올바른 가치관을 가진 사람을 의미한다"고 말했습니다. 그는 "한 명의 B급 인재가 들어오면 다른 B급들을 불러들이고, 결국 전체 조직의 수준이 떨어진다"며 인성의 중요성을 강조했습니다.

실제로 애플의 성공 뒤에는 뛰어난 기술력과 더불어 높은 도덕성과 책임감을 가진 직원들이 있었습니다. 이들은 단순히 주어진 업무만을 수행하는 것이 아니라 회사의 비전을 자신의 것으로 받아들이고 최선을 다했습니다. 고객을 속이지 않고 정직한 제품을 만들겠다는 신념으로 일했기 때문에 소비자들의 신뢰를 얻을 수 있었던 것입니다.

AI와 디지털 기술이 아무리 발달해도 사람과 사람 사이의 신뢰, 정직, 책임감 같은 기본적인 인성은 절대 대체될 수 없습니다. 오히려 기술이 복잡해질수록 이를 다루는 사람의 올바른 판단과 도덕적 책임감이 더욱 중요해지는 것이죠. 인성은 단순한 도덕적 덕목이 아니라 미래 사회에서 살아남기 위한 핵심경쟁력인 것입니다. 그렇다면 성공한 사람들의 공통된 인성 요소에는 어떤 항목들이 있었을까요?

정직: 모든 성공의 기초석

세계적인 투자가 워런 버핏(Warren Buffett)은 "정직과 성실함 없이는 그 어떤 재능이나 능력도 의미가 없다"고 말했습니다. 그는 투자할 기업을 선택할 때도 CEO의 정직성을 가장 먼저 본다고 합니다. 아무리 실력이 뛰어나도 정직하지 않은 사람과는 절대 함께 일하지 않겠다는 것이 그의 철학입니다. 일본의 경영 대가 마쓰시타 고노스케(Matsushita Konosuke)도 "사업의 목적은 이익을 남기는 것이 아니라 사회에 공헌하는 것"이라며 정직한 경영을 강조했습니다. 그는 "정직이야말로 최고의 경영 전략"이라고 말하며, 단기적인 이익을 위해 고객을 속이는 것은 결국 자신의 목을 조르는 일과 같다고 경고했습니다.

정직은 개인의 신용을 쌓는 가장 확실한 방법입니다. 한 번 거짓말로 신뢰를 잃으면 그것을 회복하는 데는 몇 배의 시간과 노력이 필요합니다. 반면 정직한 사람에게는 자연스럽게 기회가 찾아옵니다. 사람들이 믿을 만한 사람에게 중요한 일을 맡기고 싶어 하기 때문입니다.

책임감: 성숙한 인간의 필수 조건

책임감 있는 리더십의 중요성은 현대 경영계에서도 강조되고 있는 부분입니다. 2008년 글로벌 금융위기로 많은 기업들이 어려움을 겪었는데, 이때 진정한 리더의 모습도 드러났습니다. 스타벅스의 하워드 슐츠(Howard Schultz) 회장은 위기 상황에 CEO로 복귀하면서 가장 먼저 한 일이 자신의 연봉을 1달러로 줄이고, 대신 직원들의 고용을 지키는 것이었습니다. 그는 "회사의 어려움은 내 책임이다. 직원들이 대가를 치러서는 안 된다"며 솔선수범했습니다. 이런 리더십 덕분에 스타벅스는 위기를 극복하고 더욱 강한 기업으로 거듭날 수 있었습니다.

책임감은 개인의 성장에도 필수적입니다. 자신의 행동에 대해 책임을 지는 사람은 더 신중하게 판단하고 더 성실하게 행동합니다. 실수했을 때 변명하지 않고 인정하며 그 경험을 통해 성장합니다. 반면 책임을 회피하는 사람은 같은 실수를 반복하고, 결국 성장의 기회를 놓치게 됩니다.

배려와 존중: 함께 성장하는 지혜

빌 게이츠(Bill Gates)는 배려의 중요성을 잘 보여주는 인물입니다. 그가 창업한 마이크로소프트를 세계 최대 소프트웨어 회사로 만든 후, 그는 자신의 재산 대부분을 사회에 환원하겠다고 선언했습니다. "운이 좋아서 많이 가진 사람은 그렇지 못한 사람들을 도와야 한다"는 것이 그의 신념입니다. 자신의 이름을 딴 재단을 통해 전 세계 빈곤 퇴치, 질병 예방, 교육 개선에 수십억 달러를 투자하고 있습니다. 특히 아프리카의 말라리아 퇴치, 개발도상국의 백신 지원 등을 통해 수많은 생명을 구했습니다. 그는 "가진 것을 나누는 것이 진정한 성공"이라고 말합니다.

배려는 다른 사람의 입장에서 생각하는 것에서 시작됩니다. 상대방이 무엇을 원하는지, 무엇에 어려움을 느끼는지 세심하게 관찰하고 도움을 주는 것입니다. 이런 능력은 팀워크에도 큰 도움이 됩니다. 서로를 배려하는 팀은 더 큰 성과를 낼 수 있기 때문입니다.

겸손: 지속적 성장의 원동력

공자(孔子)는 "아는 것을 안다 하고, 모르는 것을 모른다 하는 것이 진정한 앎이다"라고 말했습니다. 겸손은 자신의 한계를 인정하고 계속 배우려는 자세입니다. 이런 자세가 있어야 성장할 수 있습니다. 세계적인 투자가 워런 버핏은 90세가 넘은 나이에도 여전히 공부를 멈추지 않습니다. 그는 "하루에 500페이지씩 읽는다"며 지식이 복리로 쌓인다고 말합니다. 세계 최고의 투자가가 된 후에도 겸손하게 배우는 자세를 유지하기 때문에 계속 성공할 수 있는 것입니다. 버핏은 실수를 인정하는 것도 두려워하지 않습니다. 매년 주주들에게 보내는 편지에서 자신이 저지른 투자 실수들을 솔직하게 털어놓습니다. "나는 많은 실수를 했고 앞으로도 실수할 것이다. 하지만 실수를 인정하고 배우는 것이 중요하다"고 말합니다.

겸손은 다른 사람과의 관계에서도 중요합니다. 자신이 뛰어나다고 자만하는 사람보다는 겸손하게 배우려는 사람을 더 좋아합니다. 겸손한 사람 주위에는 자연스럽게 좋은 사람들이 모이고, 이들로부터 많은 것을 배울 수 있습니다.

끈기: 목표를 향한 지속적인 노력

아마존의 제프 베이조스(Jeff Bezos)는 창업 초기 수년간의 적자를 면치 못했지만 포기하지 않았습니다. '고객을 최우선으로 생각하고 장기적인 관점에서 사업을 한다면 반드시 성공할 것'이라는 신념으로 버텨냈습니다. 아마존이 오늘날 세계 최대 전자상거래 기업이 된 것은 그의 끈기 있는 노력 덕분입니다.

끈기는 단순히 오래 참는 것이 아닙니다. 명확한 목표를 가지고 그것을 위해 꾸준히 노력하는 것입니다. 포기하고 싶은 순간이 와도 자신의 목표를 생각하며 다시 일어서는 것이 진정한 끈기입니다.

감사: 행복을 만드는 마음가짐

스티븐 호킹(Stephen Hawking) 박사는 21세에 루게릭 진단을 받고 2년 밖에 살 수 없다는 판정을 받았습니다. 하지만 그는 절망하지 않았고 '내가 할 수 있는 일에 집중하자'며 연구를 계속했습니다. 결국 76세까지 살며 블랙홀 이론으로 세계적인 물리학자가 되었습니다. 호킹 박사는 "나는 장애 때문에 불행하지 않다. 오히려 내가 가진 것들에 감사한다. 건강한 정신, 사랑하는 가족, 그리고 우주의 비밀을 탐구할 수 있는 기회 말이다"라고 말했습니다. 이런 감사하는 마음이 그를 세계 최고의 과학자로 만든 것입니다. 감사는 개인의 행복뿐만 아니라 대인관계에도 큰 영향을 미칩니다. 감사를 표현하는 사람 주위에는 사람들이 모이기 때문입니다.

인성교육의 실천 방법

인성은 하루아침에 만들어지지 않습니다. 어릴 때부터 꾸준한 실천과 습관을 통해 길러집니다. 가정에서 시작되어 학교, 사회로 확산되어야 합니다. 이를 위해서는 다음과 같은 방법을 실천하는 것이 중요합니다.

먼저 일상생활에서의 작은 실천이 중요합니다. 거짓말하지 않기, 약속 지키기, 다른 사람 배려하기 등 기본적인 예의를 지키는 것부터 시작해야 합니다. 큰 일만이 중요한 것이 아니라 작은 일상에서의 올바른 행동이 쌓이면서 인성이 형성되는 것입니다. 둘째, 독서를 통한 간

[그림 18] AI시대, 대체 가능한 능력 vs 대체 불가능한 능력

<table>
<tr><td>기술적 능력</td><td></td><td>인성</td></tr>
<tr><td>• AI로 대체 가능
• 단기간 학습 가능
• 객관적 평가 가능
• 특정 분야 특화
• 빠른 변화와 업데이트
• 자격증으로 증명
• 교육으로 습득</td><td>vs</td><td>• AI로 대체 불가능
• 장기간 형성 필요
• 주관적 평가
• 모든 분야 적용
• 지속가능한 가치
• 행동으로 증명
• 경험으로 체득</td></tr>
</table>

접 경험도 도움이 됩니다. 위대한 인물들의 성공에 대한 이야기나 감동적인 이야기를 통해 올바른 가치관을 배울 수 있습니다. 책 속의 인물들이 어떤 어려움을 어떻게 극복했는지, 어떤 선택을 했는지 읽어보며 자신의 상황에 적용할 수 있습니다. 셋째, 봉사활동이나 나눔 실천도 좋은 방법입니다. 다른 사람을 돕는 경험을 통해 배려와 감사의 마음을 기를 수 있습니다. 자신이 가진 것들이 얼마나 소중한지도 깨닫게 됩니다. 넷째, 부모와 선생님의 모범이 가장 중요합니다. 아이들은 말보다는 행동을 보고 배웁니다. 어른들이 먼저 정직하고 책임감 있는 모습을 보여주어야 합니다.

AI시대가 도래해도 결국 세상을 움직이는 것은 사람입니다. 아무리 뛰어난 기술이 있어도 그것을 올바르게 사용하는 사람의 마음가짐이 중

요합니다. 기술은 도구일 뿐이고 그 도구를 어떻게 사용할지는 사람의 인성에 달려 있습니다.

미래 사회는 더욱 복잡하고 다양해질 것입니다. 서로 다른 문화와 가치관을 가진 사람들이 함께 살아가야 합니다. 이런 상황에서는 배려와 존중, 정직과 책임감 같은 기본적인 인성이 더욱 중요해집니다.

우리 아이들은 단순히 공부만 잘하는 것이 아니라 올바른 인성을 가진 사람으로 성장해 나가야 합니다. 그런 아이들이 미래 사회의 진정한 리더가 될 수 있을 것입니다. 인성교육은 선택이 아닌 필수입니다. 기본에 충실한 인성과 책임감을 가진 아이로 키우는 것이 최고의 미래 투자라는 것을 기억해야 합니다. 결국 성공하는 사람들의 공통점은 뛰어난 재능이나 운이 아니라 기본에 충실한 인성이었습니다. 정직하고 책임감 있으며, 다른 사람을 배려하고 끝까지 포기하지 않는 사람들이 진정한 성공을 거둘 수 있었던 것입니다. 이것이 바로 변하지 않는 성공의 법칙이며, 우리 아이들에게 물려줄 수 있는 최고의 유산입니다.

성공의 기반이 되는 성장 마인드셋과 평생학습 역량

아이의 성취를 자극하는 성장 마인드셋

"'너는 똑똑해'라는 말은 아이들을 망친다." 스탠퍼드대학교 캐롤 드웩 교수의 연구가 교육계에 던진 충격적인 발견은 바로 이것이었습니다. 부모가 아이의 실패를 똑똑하지 않음을 증명하는 것으로 보는가, 아니면 똑똑해지는 과정으로 보는가에 따라 아이의 정서적 안정과 학습적 성취는 엄청난 차이를 보입니다. 실제로 캐롤 드웩 교수 연구진이 발견한 사실 중에서 "너는 똑똑해"와 같이 과정이나 노력이 아닌 능력을 칭찬받은 학생 중 40%의 아이들이 다른 사람들에게 보여줄 자신의 점수를 가짜로 높여서 적었다고 합니다. 자신에게 재능이 있다고 믿는 아이들은 부족한 것을 창피하게 여긴다는 것입니다. "너는 똑똑해"라는 말이 거짓말을 하게 만든 것이죠.

마인드셋(Mindset)이란 어떤 일을 관찰하고 경험할 때 택하는 관점을 의미합니다. 드웩 교수는 사람들의 마인드셋을 크게 두 가지로 분류했습니다.

일반적으로 고정 마인드셋을 가진 아이들은 사람의 능력은 정해져 있다고 믿어서 실패할까 봐 도전을 피하고 어려움이 닥치면 쉽게 포기합니다. 반대로 성장 마인드셋을 가진 아이들은 노력과 학습으로 충분히 발전할 수 있다고 생각하기 때문에 실패도 배우는 기회로 받아들이고, 비판을 받는 상황에서도 버움을 찾으며 끝까지 도전하려는 태도를 보입니다. "배움은 학습자가 성취하는 무언가이다. 그것은 능동적이고 스스로 수행하는 일이다"라는 교육학의 대가 존 듀이(John Dewey)의 말

[그림 19] 캐롤 드웩이 강조한 마이드셋

고정 마인드셋	성장 마인드셋
• '인간의 자질은 변하지 않는다'고 믿음 • 자신의 타고난 똑똑함과 재능을 증덩하려 애씀 • 약점이 드러나는 것을 꺼림 • 실패할 것 같으면 도전을 피함 • 역경 앞에서 쉽게 포기함	• '현재 능력은 노력과 학습을 통해 발전할 수 있다'고 믿음 • 끊임없는 노력을 통해 지금보다 발전하려 함 • 실패를 배움의 과정이자 성장의 기회로 봄 • 다른 사람의 비판에서 배울 점과 교훈을 찾으려 함 • 도전을 받아들이고 역경에 맞서 싸움

처럼 능동적이고 적극적인 노력을 기울이는 것이 중요합니다. 즉 성장 마인드셋은 배움에 있어 기초적인 마음가짐으로의 역할을 합니다.

성장 마인드셋을 연구한 캐롤 드웩 교수 연구 팀은 미국 고등학생 1만 2,500명을 두 그룹으로 나누어 한 그룹에게만 25분짜리 성장 마인드셋 훈련을 2회 진행했습니다. 이 두 그룹의 학습성취도를 비교했는데, 성장 마인드셋 훈련을 받은 친구들의 성적이 크게 향상되었습니다. 성장 마인드셋은 타고나는 부분도 있겠지만 훈련과 연습으로 충분히 학습될 수 있다는 것을 보여주는 실험이라 할 수 있습니다.

그렇다면 성장 마인드셋은 어떻게 기를 수 있을까요? 우선 과정을 칭찬하는 것이 필요합니다. 성공에 관한 메시지를 전할 때는 재능이 아니라 노력한 과정을 칭찬하는 것이 중요합니다. "너는 정말 똑똑하구나"보다는 "네가 이번엔 끝까지 포기하지 않았구나"와 같이 과정을 칭찬하는 방법입니다. 둘째로, 실수와 실패를 학습의 기회로 바꾸는 것이 필요합니다. 실패 또는 실수했을 때 결과에 집중하기보다는 다음 단계로 나아가는 것을 중요시하는 것입니다. 즉 실패나 실수했을 때 "이번 결과로 무엇을 배웠어?"와 같은 질문을 던짐으로써 실패나 실수를 배움의 기회로 삼도록 하는 것입니다. 셋째, 매일 성장 마인드셋 대화를 나누는 것을 습관화하는 것이 필요합니다. 가족이 모이면 서로에게 "오늘 뭘 배웠지?" 또는 "어떤 교훈을 얻었어?"와 같은 표현으로 아이들과 대화를 나누는 것입니다.

평생학습의 중요성

2007년 과학 학술지 〈네이처(Nature)〉가 선정한 인류 역사를 바꾼 10명의 천재 중 가장 창의적인 인물 1위로는 레오나르도 다빈치(Leonardo da Vinci)가 차지했습니다. 그는 화가, 조각가, 발명가, 건축가, 과학자, 음악가, 작가, 해부학자, 지질학자, 식물학자, 지리학자, 요리사, 수학자 등 다방면에서 완벽에 가깝게 두루 활약한 자타공인 다중 천재였습니다. 특히 주목할 점은 마흔이 넘은 나이에도 라틴어를 배웠고, 당시 기록들이 현재도 남아있다는 사실입니다. 그는 40대 중반이 되어서도 새로운 언어를 배우며 더 넓은 학문을 익히려 했던 것입니다.

알베르트 아인슈타인(Albert Einstein) 또한 평생학습을 실천에 옮긴 인물입니다. "공부는 의무가 아니라 생활에 활력을 주고 사회에 나갔을 때 도움이 되는 것들을 배우는 멋진 기회라고 생각한다"라는 그의 말에서 진정한 평생학습자의 마음가짐을 엿볼 수 있습니다.

95세가 된 첼리스트 파블로 카잘스(Pablo Casals)에게 어떤 기자가 질문을 던졌습니다. "카잘스 선생님, 당신은 이제 95세이고 세상에서 가장 위대한 첼리스트로 인정받고 있습니다. 그런데 아직도 하루에 6시간씩 연습하는 이유가 무엇입니까?" 이에 카잘스는 "왜냐하면 내 자신의 연주 실력이 아직도 조금씩 향상되고 있기 때문이오"라고 얘기하면서 꾸준한 연습과 학습을 강조했습니다. 위대한 사람들의 학습과 성장의 노력은 자신을 단련시켜 더 높은 곳으로 갈 수 있는 열쇠인 것이죠.

평생학습은 AI와 디지털 시대를 살아가는 현재의 관점에서 위대한 인물들만의 전유물이 아닙니다. 지식과 기술의 수명이 3~5년에 불과한 시대를 살아가고 있는 현대인들에게 평생학습은 이제 선택이 아닌 필수로 자리 잡아가고 있습니다. 이런 관점에서 샐러던트라는 단어가 생겼는데요. 샐러던트(Saladent)란 샐러리맨(Salaryman)과 스튜던트(Student)의 합성어로 '공부하는 직장인'이라는 신조어를 의미합니다. 배워야 할 지식의 양이 급속도로 증가하는 환경에서 직장인들에게 학습이 필수요소로 자리잡고 있는 현상을 반영한 것입니다. 평생학습이 모든 사람에게 중요해지고 있다는 것을 의미하는 신조어로 볼 수 있습니다.

평생학습의 출발: 적극적으로 배우려는 태도

일본 전자기기 제조회사인 교세라 그룹의 창업자 이나모리 가즈오(Inamori Kazuo) 회장은 "인생의 결과 = 능력 × 열정 × 태도"라고 말했습니다. 그는 이 세 가지 요소 가운데 태도가 가장 중요하다고 보았습니다. 능력이나 열정은 0에서 100점까지 있지만, 태도는 마이너스 100점에서 플러스 100점까지 다양하다고 얘기하는 것이죠. 능력과 열정이 아무리 뛰어나다 해도 태도가 올바르지 않으면 조직이나 사회에 악영향을 미칠 수 있다는 것입니다. 태도는 인생의 방향을 의미합니다. 긍정적인 태도를 가진 사람은 자신의 능력과 열의를 좋은 방향으로 사용합니다. 카네기 연구소의 조사에 따르면, 엔지니어링 분야의 성공 요인 중 기술적 지식이 차지하는 비중은 15%에 불과하고, 나머지 85%는 인간관계 능력과 개인의 태도가 결정한다고 발표했습니다. 태도의 중요성에 대해 잘 알려주는 사례인 것이죠.

사상가이자 교수였던 벤저민 바버(Benjamin Barbar)는 "세상은 강자와 약자, 또는 승자와 패자로 구분되지 않는다. 다만 배우려는 자와 배우지 않으려는 자로 나뉠 뿐이다"라고 말하며 배우는 자세의 중요성에 대해 역설한 바 있습니다. 성공과 실패에 도취되거나 좌절하지 않고 이 또한 배움의 과정이라 생각하는 자세가 평생학습에서는 반드시 필요합니다. 즉 윗사람 아랫사람 할 것 없이 누구에게서나 배울 수 있는 태도가 개인의 성장과 발전을 위한 출발점입니다.

평생학습을 아이들에게 가르치기 위해 가장 중요한 부분은 부모가 먼저 평생학습자가 되어야 합니다. 아이들은 우리가 하는 말보다 우리가 사는 모습을 보고 더 많이 배웁니다. 새로운 것을 배우려는 부모의 모습, 실패해도 다시 도전하는 부모의 태도, 그리고 변화를 두려워하지 않는 부모는 아이들에게 나침반으로 작용할 것입니다.

제 5 장

Artificial Intelligence

AI시대,
진로교육을 위한
부모의 행동 원칙

간판보다는 실력의 시대를 준비하라

학벌에서 실력으로

"요즘은 SKY대를 나와도 취업이 안 된다더라." 반대로 "○○○은 고졸인데 유튜브로 월 수천만 원을 번다는 사람도 있고." 주변에서 이런 이야기들을 들어본 적 있을 겁니다. 혹시 '예외적인 경우겠지'라고 생각하나요? 이는 예외를 넘어 새로운 현실로 다가오고 있습니다. 우리가 당연하게 여겨왔던 '좋은 대학＝성공'이라는 공식이 빠르게 무너지고 있는 것입니다.

산업화 시대를 지나 전문직이 각광받던 시대에는 지식과 정보의 힘이 컸습니다. 그래서 돈과 시간을 들여 대학이나 교육기관에서 지식과 정보를 사고, 이를 직장과 사회에 되팔아 사람들은 삶을 영위해 나갔죠.

지식과 정보가 중요하다 보니 어디서 누구에게 배웠느냐가 중요했고, 어느 학교에서 배웠느냐가 중요했습니다. 즉 학벌이 중요했던 겁니다. 하지만 오늘날은 어떤가요? 좋은 대학에 꼭 가야만 우수한 강의를 들을 수 있는 건 아닙니다. 스마트폰에 MOOC(코세라, 에덱스, 유다시티 등) 애플리케이션을 설치하고 수강신청을 하면 하버드나 MIT, 스탠퍼드대학교의 강의를 무료로 수강할 수 있습니다. 또한 우수한 학교에서 제공하던 유명인사의 특강이나 취업 특강, 선배들의 성공경험담 등도 이제는 학교에서만 들을 수 있는 것이 아니라 유튜브나 포털사이트에서 쉽게 접할 수 있습니다. 지식 정보가 디지털을 타고 대중화됨으로써 좋은 대학만이 가졌던 콘텐츠 독점의 장점이 점점 희석되고 있습니다.

글로벌 교육 기업 유다시티의 창업자 세바스찬 스런(Sebastian Thrun) 교수의 실험은 학벌주의에 강한 의문을 제기합니다. 그는 컴퓨터 과학을 200명의 스탠퍼드대학교 학생에게 가르쳤습니다. 이와 더불어 같은 내용을 MOOC를 통해 수강생 16만 명에게 온라인으로 가르쳤습니다. 결과는 어땠을까요? 스탠퍼드대학교에서 가장 잘한 학생의 점수가 MOOC 학생들 중에서는 413등에 해당하는 성적이었습니다. 어려운 입학사정을 통과해 일류대학에 진학했기 때문에 이들의 역량이 다른 이들보다 뛰어날 것이라는 학벌주의의 기본 가정이 깨졌다는 것을 보여줍니다.

학벌시대에 또 하나의 장점은 인맥이었습니다. 동문과 동창모임, 동기모임 등은 중요했습니다. 중요한 정보가 오고 가는 통로였기 때문입니다. 하지만 이런 학연주의 역시 의미가 퇴색되고 있습니다. 과거에는 학연 또는 지연 등을 통해 오프라인으로 사람을 만나는 것이 대부분이었죠. 하지만 디지털로 연결된 시대에는 관심사에 따라, 좋아하는 분야에 따라 얼마든지 새로운 디지털 인맥을 구축할 수 있습니다. '학연과 지연이 어떻게 되냐?'보다 어떤 블로그 활동을 하고, SNS 모임은 어디에 소속되어 있으며, 어느 디지털 카페에서 방장을 하느냐가 요즘 기업들이 보다 관심 있게 살펴보는 구직자의 경험입니다.

기업들이 말하는 새로운 기준: 기업들의 채용 풍경 변화

최근 기업들은 채용 시 학위를 보는 비중이 점점 낮아지고 있습니다. 학위 외에도 실질적인 실력과 성과를 보여주는 다양한 포트폴리오의 비중이 높아지고 있습니다. 즉 빠르게 변화하는 세상에서 채용 시 과거의 성취 비중을 줄이고 현재의 능력을 볼 수 있는 부분을 확대하고 있는 것입니다.

카카오는 2022년부터 블라인드 채용을 넘어 스킬(실무 능력) 중심 채용을 도입했습니다. 지원자의 학력, 학점, 토익 점수 등은 전혀 보지 않고, 오직 코딩 테스트와 실무 프로젝트 수행 능력만으로 선발합니다. 인사 담당자는 "학벌보다 실제로 코드를 얼마나 잘 짜는지가 훨씬 중요하다"고 말합니다. 네이버도 비슷한 변화를 보이고 있습니다. 개발직 채용에서 포트폴리오와 코딩 테스트의 비중이 대부분을 차지합니다. 면접관들이 가장 관심 있게 보는 것은 어느 학교 출신이냐가 아니라 지원자가 실제로 만든 프로그램이나 서비스입니다.

글로벌 기업들의 변화는 더욱 빠릅니다. 구글의 공동 설립자 래리 페이지(Larry Page)는 "학위는 과거의 성취를 보여주지만 실력은 미래의 가능성을 보여준다"고 말했습니다. 구글, IBM, 애플 같은 글로벌 기업들이 이미 학위 없는 채용을 공식적으로 선언하고 실행하고 있습니다. IBM의 인사담당자도 이렇게 말합니다. "우리가 채용할 때 제일 먼저 보는 건 그 사람이 가진 스킬입니다. 학위는 참고사항일 뿐이에요." 실제로 IBM의 채용 절반 이상은 학위가 전혀 필요 없는 직무입니다. 대신에 '문제를 해결할 수 있는가? 협업을 할 수 있는가? 새로운 도구를 다룰 수 있는가?' 이런 점을 더욱 중요하게 보는 것이죠.

실력 중심 시대의 핵심

이제는 학벌이라는 간판보다는 사람들의 실제적인 역량 또는 스킬에 관심을 기울입니다. 학벌은 성과와 연결되지 않지만 역량과 스킬은 성과와 직결되기 때문이죠. 역량은 사전적으로 어떤 일을 해낼 수 있는 힘을 의미합니다.

한 명의 전문가를 만들어 내려면 초급, 중급, 고급의 교육과정을 이수하게 하거나 대학원에 진학시키는 것만으로 이루어지지는 않습니다. 전문가로 성장하는 사람은 스터디에 적극 참여하고, 자료를 스크랩하고, 관련분야 인터넷 서핑을 하고, 다양한 책도 읽어 보고, 세미나에 참석하고, 동료들과 토론도 하고, 성찰도 하고, 현장 업무 수행 등 다양한 학습경험을 가지고 있습니다. 즉 무슨 교육을 이수했고 어떤 학위를 가지고 있는가가 아니라 얼마나 양질의 학습경험을 했느냐가 그들이 전문가로 성장하는 데 핵심이라 말할 수 있습니다.

과거에는 실력을 증명하는 방법이 제한적이었습니다. 대학 입시와 각종 자격증 정도가 전부였죠. 하지만 지금은 다릅니다. 디지털 시대는 자신의 능력을 보여줄 수 있는 기회가 무수히 많습니다. 프로그래밍에 있어서 깃허브라는 플랫폼에서는 전 세계 개발자들이 자신이 작성한 코드를 공개하고 공유합니다. 구글이나 마이크로소프트 같은 글로벌 기업들은 지원자의 이력서보다 깃허브 활동을 더 자세히 봅니다. 디자인 측면에서는 비핸스(Behance), 드리블(Dribbble) 같은 플랫폼이 있습니다. 디자이너들이 자신의 작품을 올리고 전 세계 사람들의 평가를 받을 수 있죠. 실력 있는 디자이너들은 이런 플랫폼을 통해 세계적인 기업으로부터 직접 스카우트 제의를 받기도 합니다. 콘텐츠·마케팅 분야도 마찬가지입니다. 블로그, 유튜브, 인스타그램 등을 통해 자신의 콘텐츠 기획력과 소통 능력을 보여줄 수 있습니다. 어떤 주제로 어떤 콘텐츠를 만들었는지, 얼마나 많은 사람들이 공감했는지가 실력의 증거가 되고 있습니다.

부모가 알아야 할 진로교육의 새로운 방향

유명 맛집은 음식이 맛있는 집입니다. 간판이 멋있는 집이 아닙니다. 마찬가지로 미래 사회에서는 학벌이라는 간판보다는 역량이라는 실질적 능력을 키우는 것이 중요합니다.

이를 위해서는 우선 다양한 학습경험을 쌓도록 지원하는 것이 필요합니다. 정규 교육과정 외에도 아이가 관심 있어 하는 분야의 경험을 쌓을 수 있도록 지원하는 것입니다. 즉 온라인 강의, 프로젝트 참여, 동아리 활동 등을 통한 실질적 경험을 축적할 수 있도록 유도하는 것입니다.

둘째는 실력을 보여줄 수 있는 포트폴리오를 만들 수 있도록 도와주는 것입니다. 아이가 만든 작품, 참여한 프로젝트, 해결한 문제들을 체계적으로 기록하고 이를 디지털 플랫폼을 활용한 실력 공개와 피드백을 받을 수 있도록 하는 것입니다. 디지털 세상에서는 아무리 실력이 뛰어나도 적극적으로 홍보하지 않으면 사람들이 모를 수 있습니다. 따라서 포트폴리오를 만들고 이를 홍보하는 부분도 중요합니다.

셋째, 협력과 소통을 늘려가는 것이 필요합니다. 혼자 공부하는 것보다 팀 프로젝트와 토론 경험을 확장해 가면 단순한 지식이 아닌 실질적 실력이 향상될 가능성이 높습니다. 오프라인에서 불가능하다면 온라인 커뮤니티 참여를 통한 네트워킹 능력 개발을 하는 것도 방법일 수 있습니다.

마지막으로 지속적인 학습습관을 형성하는 것이 필요합니다. 빠르게 변화하는 시대에 맞춰 새로운 것을 배우는 습관을 만들어주는 것입니다.

학벌이라는 간판 대신 실력이라는 내실을 키워주는 것이 진정한 교육투자가 될 것입니다. 변화의 물결 앞에서 우리 아이들이 흔들리지 않고 자신만의 길을 찾아갈 수 있도록 지금부터 이런 시대를 준비하는 것이 필요합니다.

다양하고 유연한 진로에 대비하라

한 우물만 파던 시대는 끝났다

21세기 인재상이 근본적으로 변화하고 있습니다. 과거에는 T자형 인재가 이상적인 모델로 여겨졌습니다. 한 분야에서는 깊은 전문성을 갖추고, 다른 분야에 대해서는 폭넓은 이해를 보유하는 형태의 인재였죠. 하지만 이제는 π(파이)형 인재가 새로운 표준으로 자리 잡고 있습니다. T자형 인재에서 π(파이)형 인재로의 패러다임이 전환하고 있는 것입니다. 여기에 π형 인재를 넘어선 빗(Comb)형 인재까지 확대되고 있습니다.

π형 인재란, 2개 이상의 전문 분야에서 깊이 있는 지식을 보유하면서 이들을 유기적으로 연결하는 융합적 사고능력을 갖춘 인재를 의미합

니다. 단순히 여러 분야를 조금씩 아는 것이 아니라 각 분야에서 전문성을 인정받으면서도 서로 다른 영역 간의 시너지를 창출할 수 있는 능력을 갖춘 사람들입니다.

이러한 변화는 현재 각광받는 직업들을 살펴보면 명확하게 드러납니다. 소비자의 경험을 설계하는 UX 디자이너는 디자인 감각과 사용자 심리학에 대한 이해, 그리고 데이터 분석 능력을 모두 갖춰야 합니다. 단순히 예쁜 화면을 만드는 것이 아니라 사용자의 행동 패턴을 분석하고 비즈니스 목표와 연결시키는 복합적 사고가 필요한 것이죠.

생물학적 데이터를 컴퓨터와 정보기술로 처리·분석하는 바이오 인포매틱스 전문가는 생물학적 지식과 컴퓨터 과학 기술, 그리고 통계학적

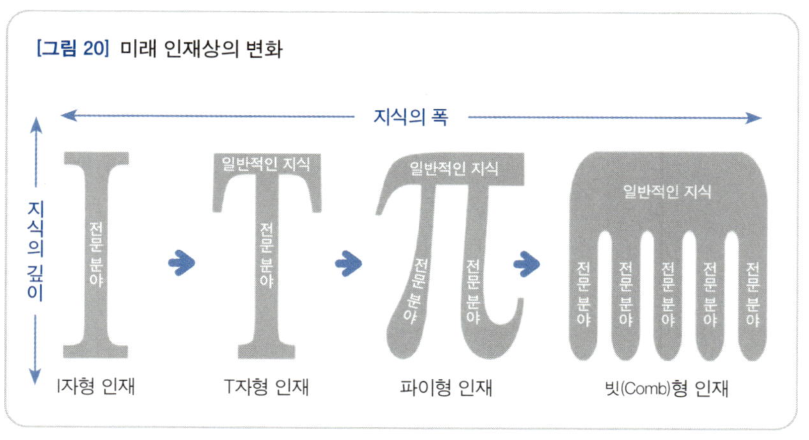

출처: www.comworld.co.kr/news/articleView.html?idxno=51205

분석 능력이 결합된 분야에서 활동합니다. 디지털 마케터는 전통적인 마케팅 이론과 IT 기술, 데이터 분석, 소비자 심리학을 모두 활용해야 성공할 수 있습니다.

구글의 CEO 순다르 피차이(Sundar Pichai)의 경력 여정이 이러한 변화를 잘 보여줍니다. 그는 인도의 대학에서 금속공학을 전공했지만 펜실베이니아대학교 와튼스쿨에서 MBA를 취득하고 구글에서는 제품 관리 분야로 커리어를 시작했습니다. 공학적 백그라운드에 비즈니스 감각과 제품에 대한 깊이 있는 이해가 결합되어 현재의 위치에 오를 수 있었습니다. 이는 한 분야만 깊이 파서는 달성하기 어려운 성과입니다.

김영하 작가도 경력 여정의 다양성을 보여주는 사례입니다. 그는 대학에서 경영학을 전공하고 졸업 후 무역회사에 취직했습니다. 하지만 회사 생활을 하면서 뭔가 다른 걸 해보고 싶다는 생각이 들기 시작했습니다. 그때 우연히 번역 일을 시작하게 되었죠. 처음에는 용돈벌이 정도로 생각했는데 점점 번역 작업에 매력을 느끼게 되었습니다. 그러다 자연스럽게 '나도 이런 글을 써보고 싶다'는 욕구가 생겼습니다. 그래서 소설을 쓰기 시작했고 그의 첫 소설집 《호출》이 출간되면서 문단의 주목을 받기 시작했습니다. 이후 한국을 대표하는 작가로 소설가뿐만 아니라 방송인, 여행 작가, 팟캐스트 진행자 등 다양한 분야에서 활동하고 있습니다. 진로란 미리 정해놓고 가는 길이 아니라 가다가 만들어지는 길이라는 것을 잘 보여주는 사례입니다.

경력을 다양하게 이동하는 것을 넘어, 다양한 일을 동시에 하는 슬래시 세대가 등장하고 있습니다. '디자이너/작가/요가 강사', '개발자/카페 사장', '컨설턴트/유튜버/온라인 강사'처럼 여러 정체성을 슬래시(/)로 연결해서 표현하는 슬래시 세대가 급속히 늘어나고 있습니다. 이들은 하나의 직업에 얽매이지 않고 여러 분야에서 동시에 활동하며, 각각의 영역에서 의미 있는 성과를 창출하고 있습니다.

미래 직업 시장의 변화 패턴

부모가 자녀의 유연한 진로를 효과적으로 지원하려면, 먼저 미래 직업 시장의 변화 패턴을 정확하게 이해해야 합니다. 세계경제포럼의 〈미래 직업 보고서〉와 각국의 노동 시장 연구 결과를 종합하면 앞으로 나타날 직업들의 특징은 크게 세 가지로 요약됩니다.

첫째, 기존 직업의 진화가 주된 변화 양상입니다. 완전히 새로운 직업이 생기는 것보다는 기존 직업이 기술 발전과 함께 진화하는 경우가 훨씬 많습니다. 교사라는 직업은 여전히 존재하지만, AI 튜터 시스템과 협업하며 개인별 맞춤 학습을 설계하는 디지털 교육 설계자로 역할이 확장되고 있습니다. 의사 역시 AI 진단 시스템과 빅데이터를 활용해 보다 정밀한 치료를 제공하는 정밀의료 전문가로 진화하고 있습니다.

둘째, 하이브리드 직업의 급속한 증가입니다. 2개 이상의 전문 분야가 결합된 직업들이 폭발적으로 늘어나고 있습니다. 데이터 사이언티스트는 통계학, 컴퓨터 과학, 그리고 해당 도메인의 전문 지식이 결합된 직업입니다. UX/UI 디자이너는 디자인 감각, 사용자 심리학, 기술에 대한 이해가 모두 필요한 융합형 직업입니다. 로보틱스 엔지니어, 디지털 마케터 등도 모두 이런 특성을 갖고 있습니다.

셋째, 플랫폼 기반 일자리의 확산입니다. 전통적인 정규직보다는 다양한 플랫폼을 통한 프로젝트 기반 일자리가 급속히 늘어나고 있습니다. 우버나 리프트를 통한 운전 기사, 에어비앤비의 호스트, 프리랜서 개발자나 디자이너, 온라인 콘텐츠 크리에이터 등이 대표적인 예입니다. 이런 형태의 일자리에서는 특정 분야의 깊이 있는 전문성과 함께 다양한 상황에 빠르게 적응할 수 있는 유연성이 무엇보다 중요합니다.

2024년 미국 노동통계국의 자료에 의하면 평균적으로 한 사람이 평생 약 12.4회의 직업 변경을 경험한다고 말합니다. 우리나라 사례를 보면 40대 직장인의 평균 이직 횟수가 4.2회이며 이 수치는 점점 늘어나고 있습니다. 이는 우리 부모세대가 한두 개의 직업 또는 직장에서 평생을 보낸 것과는 완전히 다른 패턴입니다.

세계경제포럼의 2023년 보고서는 더욱 급진적인 전망을 제시합니다. 2030년까지 전체 일자리의 절반 이상이 고정된 직무 단위가 아니라 유동적인 과업 단위로 세분화될 것이라고 예측하고 있습니다. 즉 어느 회사의 직원이라는 소속보다는 어떤 프로젝트에 어떤 역할로 참여하느냐가 더 중요해지는 시대가 오고 있는 것입니다.

자녀의 다양하고 유연한 진로를 지원하는 방법

이렇게 변화하는 직업 환경에서 부모는 자녀의 미래를 어떻게 준비시켜야 할까요? 전통적인 진로지도 방식을 근본적으로 재검토해야 합니다.

첫째, 자녀의 다양한 관심사를 적극적으로 인정하고 지원하는 방향으로 지도해주는 것입니다. 아이가 피아노도 배우고 싶고, 코딩도 하고 싶고, 그림도 그리고 싶다고 말할 수 있습니다. 물론 현실적인 제약으로 인해 모든 것을 동시에 할 수는 없겠지만, 아이의 다양한 관심사 자체를 긍정적으로 받아들이는 것이 중요합니다.

둘째, 다양한 실험의 기회를 적극적으로 제공하세요. 여러 분야를 직접 경험해 볼 수 있는 기회를 최대한 많이 만들어주는 것이 중요합니다. 체험 프로그램, 캠프, 워크숍, 멘토링 프로그램 등에 참여하도록 독려하세요. 중요한 것은 단기간의 성과가 아니라 경험 자체입니다. 아이가 이 분야는 나와 맞지 않는다는 것을 깨닫는 것도 의미 있는 성과입니다.

셋째, 서로 다른 관심 분야 간의 연결점을 찾도록 도와주세요. 아이가 여러 분야에 관심을 보일 때 그 분야들 사이에 숨어있는 연결고리를 발견하도록 대화를 이끌어주세요. "음악과 수학이 어떻게 연결될 수 있을까?", "요리와 화학은 어떤 관계가 있을까?", "운동과 심리학은 어떻게 만날 수 있을까?"와 같은 질문을 던져 보는 것도 경직된 직업관에서 벗어나는 데 도움이 될 것입니다. 또한 이런 대화를 통해 아이는 융합적 사고력을 기를 수 있습니다. 더 나아가 서로 다른 분야의 지식과 경험이 시너지를 낼 수 있다는 것을 체험적으로 이해하게 됩니다.

넷째, 실패와 변화를 자연스러운 과정으로 받아들이도록 유도하는 것이 필요합니다. 미래 사회에서는 한 번의 선택으로 평생이 결정되지 않습니다. 오히려 지속적인 변화와 적응이 일상이 될 겁니다. 따라서 아이가 처음 선택한 진로가 맞지 않는다고 해서 실패로 여기지 말고, 더 나은 선택을 위한 귀중한 경험으로 받아들이도록 도와주는 것이 필요합니다.

다섯째, 핵심적인 소프트 스킬을 기를 수 있도록 해 주세요. 특정 기술이나 지식은 빠르게 변화하지만 창의적 사고력, 소통 능력, 문제해결 능력, 학습 능력 등은 어떤 분야든 필요한 기초 능력입니다. 이런 스킬을 탄탄히 갖춘 아이는 어떤 변화에도 유연하게 적응할 수 있습니다.

미래는 불확실하지만 그 불확실성 자체는 기회가 될 수 있습니다. 다양한 관심사와 경험을 바탕으로 한 유연한 사고력을 갖춘 아이들이 미래 사회의 주인공으로 나아갈 것입니다. 부모의 역할은 아이가 그런 역량을 갖출 수 있도록 다양한 기회와 지지를 제공하는 것입니다.

아이와 동행하는 부모가 되어라

진로는 일회성 이벤트가 아닌 평생의 긴 여정

"빨리 가려면 혼자 가고, 멀리 가려면 함께 가라." 아프리카의 속담입니다. 과거 진로교육에서는 빨리 가는 것이 중요했습니다. 좋은 학교, 빠른 졸업, 초고속 승진. 이런 간어들이 성공의 밑거름이 되는 시대였습니다. 하지만 AI의 등장, 급격하게 변화하는 비즈니스 환경, 새로운 MZ세대의 출현 등은 빠른 성공의 기준과 경력 경로를 다트게 만들고 있습니다.

앞에서 설명한 바와 같이 지금은 한 사람이 평생 12.4회 직업을 변경하는 시대입니다. 아이들의 진로는 빨리 달리는 단거리 경주가 아니라 마라톤과 같은 긴 여정이 될 것입니다. 즉 누가 더 빠르게 올라가느냐가 아니라 더 의미 있고 가치 있게, 그리고 나답게 자신의 진로와 경력을 설계하느냐입니다.

이는 진로가 더 이상 일회성 결정이 아니라는 것을 의미합니다. 중학교나 고등학교 때 정한 진로가 평생을 좌우하는 시대는 끝났습니다. 대신 지속적으로 변화하고 적응하며 새로운 기회를 탐색해야 하는 평생 진로가 필요한 세상입니다.

이런 평생 진로의 여정에서 부모는 동행자로서의 역할을 하는 것이 중요합니다. 아이 혼자는 급변하는 세상에서 방향을 잃거나 잘못된 길로 빠질 위험이 크기 때문입니다. 부모가 함께 동행하며 지혜를 나누고 어려움을 함께 극복해 나가는 것이 필요한 때입니다.

입시 목표를 넘어 삶의 행복으로

많은 부모가 대학 입시를 자녀교육의 최종 목표로 설정합니다. 하지만 잠시 생각해볼까요? 우리가 아이를 키우는 궁극적인 목표는 무엇일까요? 명문대학 입학일까요, 아니면 아이가 행복하고 의미 있는 삶을 사는 것일까요?

2023년 한국청소년정책연구원이 실시한 〈청소년종합실태조사〉와 정부·언론 자료에 따르면, 한국 청소년의 행복지수는 OECD 국가 중 최

하위 수준으로 나타났습니다. 학업 성취에서는 세계 최고 수준을 기록하지만 삶의 만족도와 행복감은 OECD 평균보다 현저히 낮아 하위권이라는 결과가 반복적으로 확인되고 있습니다.

"무엇이 잘못되었을까요?" 부모가 바라는 아이들의 인생이 성적만 좋고 행복하지 않은 아이들은 절대 아닐 것입니다. '경쟁시대에 학창시절만 희생해 성적이 좋으면 사회에 나가서는 행복할 수 있을 거야'라고 생각할 수 있습니다. 하지만 이는 과거 우리 부모세대의 경험을 바탕으로 한 가설입니다. AI시대, 즉 학벌보다는 실력의 시대, 유연하고 다양한 진로의 시대라는 아이들 세상의 진로환경에서는 이 가설이 맞지 않습니다.

대학 진학 중심의 진로교육에서 아이의 행복과 의미 있는 삶 중심으로 진로교육의 방향이 옮겨가야 합니다. 진로의 궁극적인 목표는 아이가 자신의 가치와 일치하는 삶을 살며 사회에 기여하고, 개인적으로도 만족스러운 인생을 사는 것이겠죠. 대학은 그 여정에서 하나의 과정일 뿐입니다. 대학을 거치지 않고도 자신의 꿈을 실현할 수 있는 사례가 많아지고 있습니다. 빌 게이츠, 스티브 잡스, 마크 저커버그 같은 성공한 글로벌 기업가들이 정규 학업을 이수하지 않았다는 것만 봐도 알 수 있습니다. 중요한 것은 어느 대학을 나왔느냐가 아니라는 점입니다.

물론 대학이 중요하지 않다는 것은 아닙니다. 대학은 사회에 나가기

전 많은 지식과 경험을 제공합니다. 기업 또한 대학을 참고사항으로 본다고 하지만 참고 수준을 넘어 학력을 중시하는 기업도 아직은 꽤 많은 것이 사실입니다. 하지만 한 가지 분명한 사실은 부모가 생각하는 대학 진학 중심의 진로교육이 지나치다는 점입니다. 기업들이 바라보는 학벌은 점점 희석되고 있는데, 아이들의 공부 환경은 이와 반대로 가고 있는 것 같아 아쉽습니다. 입시에만 매몰되어 진정한 의미의 진로교육을 놓치고 있지는 않은지 반드시 생각해야 할 시점입니다.

훌륭한 부모와 훌륭한 아이

역사상 위대한 인물들을 살펴보면 그들 곁에는 함께 꿈을 키워 나간 부모가 있었습니다.

토머스 에디슨의 어머니 낸시 에디슨은 아들이 학교에서 '머리가 나쁘다'는 평가를 받고 3개월 만에 퇴학당했을 때 포기하지 않았습니다. 대신 집에서 직접 아들을 가르치며 호기심을 키워주었습니다. 에디슨이 화학 실험에 흥미를 보이자 지하실에 실험실을 만들어주었고, 실험 재료를 사주기 위해 부업까지 했습니다. 에디슨은 훗날 "어머니가 나를 만들었다"고 회고했습니다. 아인슈타인의 아버지 헤르만 아인슈타인은 아들이 수학에 관심을 보이자 함께 문제를 풀어주었습니다. 4세 때 나침반을 선물해준 이도 아버지였습니다. 아인슈타인은 그 나침반에서 보이지 않는 힘에 대한 호기심을 키웠고, 이것이 훗날 상대성 이론의 출발점이 되었습니다. 우리나라의 세종대왕 역시 태종의 교육철학이 큰 영향을 미쳤습니다. 태종은 아들에게 단순히 왕의 권위만을 가르친 것이 아니라 백성을 위한 정치가 무엇인지 함께 고민하게 했습니다. 세종이 한글을 창제할 때도 태종의 '백성을 사랑하는 마음'이라는 가치관이 기초가 되었습니다.

이들의 공통점은 부모가 아이의 관심사를 함께 탐구했다는 것입니다. 일방적으로 가르치거나 강요한 것이 아니라 아이의 호기심과 열정에 동참했습니다. 그리고 장기적인 관점에서 아이의 성장을 지켜봤습니다.

가르치는 부모에서 코치이자 동반자로서 부모의 역할

사라 블레이클리(Sara Blakely)는 어릴 때부터 변호사가 되고 싶었습니다. 아버지도 변호사였기에 자연스레 그 길을 따라가려고 했죠. 대학에서 법학을 공부하고 로스쿨 입학을 준비했습니다. 하지만 로스쿨 입학시험에서 두 번이나 낙방했습니다. 당시 22세였던 사라는 좌절했습니다. 하지만 아버지는 다르게 반응했어요. "사라야, 이건 실패가 아니라 다른 길로 가라는 신호일 수도 있어. 뭔가 다른 걸 해보는 게 어떨까?"

사라는 복사기 판매원으로 일하기 시작했습니다. 주변 사람들은 변호사를 준비하던 사람이 복사기를 판매한다고 수군댔습니다. 사라의 아버지는 "일단 해보자. 뭔가 배우는 게 있을 거야"라고 격려해주었습니다

다. 사라는 영업에 재능이 있었습니다. 사람들과 소통하는 능력, 상대
방의 니즈를 파악하는 능력이 뛰어났습니다. 7년 동안 복사기와 팩스
기를 팔면서 최고의 성과를 올렸습니다. 이 성공 후 그녀는 팬티스타
킹 사업을 합니다. 물론 아버지의 지지가 있었죠. 스팽스(Spanx)라는
브랜드로 사업을 시작했고 이 스타킹은 세계 최고의 제품이 되었습니
다. 그리고 그녀는 억만장자가 되었습니다.

사라의 아버지는 가르치는 역할을 하지 않았습니다. 질문을 던져 주고
지원해주는 역할을 했습니다. AI시대의 부모 역할은 근본적으로 바뀌
어야 합니다. 사라 블레이클리의 아버지처럼 전통적인 '가르치는 부모'
에서 '코치로서의 부모'로 전환이 필요합니다. 가르치는 부모는 정답을
알려주려 합니다. "너는 이렇게 해야 해", "이 길이 정답이야"라는 식으
로 지시합니다. 하지만 빠르게 변화하는 AI시대에는 부모도 모르는 새
로운 분야가 너무나 많습니다. 20년 전에는 없던 직업들이 지금은 각
광받고 있고, 지금의 인기 직업도 20년 후에는 사라질 수 있습니다.

코칭하는 부모는 다릅니다. 정답을 주는 대신 좋은 질문을 던집니다.
"네가 정말 좋아하는 일이 뭐야?", "이 일을 할 때 어떤 기분이 들어?",
"어려움이 있다면 어떻게 극복할 수 있을까?" 이런 질문을 통해 아이가
스스로 답을 찾아가도록 돕습니다.

또한 코칭하는 부모는 아이의 강점을 발견하고 키워줍니다. 약점을 보

완하는 것도 중요하지만 강점을 극대화하는 것이 더 큰 성과를 낳습니다. 아이가 어떤 분야에서 특별한 재능을 보이는지 섬세하게 관찰하고, 그 재능이 꽃필 수 있도록 환경을 조성해줍니다.

코치이자 동반자로서의 부모 역할은 다음과 같이 변화해야 합니다.

정보 제공자에서 질문자로

과거에는 부모가 정보와 지식을 전달하는 역할을 했습니다. 입시 정보나 진로 정보를 찾아서 아이에게 알려주는 역할이 중요했습니다. 하지만 이제는 인터넷에서 모든 정보를 쉽게 얻을 수 있습니다. 대신 부모는 "어떤 정보가 중요한가?", "이 정보를 어떻게 활용할 수 있을까?"와 같은 질문을 던져주는 역할을 해야 합니다.

방향 지시자에서 동반자로

"이쪽으로 가야 해"라고 방향을 지시하는 대신 "어디로 가고 싶어?"라고 묻고 함께 길을 찾아가는 동반자가 되어야 합니다. 때로는 아이가 앞서가고 부모가 따라가는 상황도 생길 수 있습니다.

완벽한 해답자에서 함께 배우는 학습자로

모든 것을 알고 있는 완벽한 부모가 되려 하지 말고, 아이와 함께 배우며 성장하는 학습자가 되어야 합니다. "나도 이건 처음이야. 함께 배워보자"라고 솔직하게 말할 수 있어야 합니다.

결과 중심자에서 과정 중심자로

당장의 성적이나 성과보다는 아이가 경험하는 과정 자체를 중시해야 합니다. 실패하더라도 그 과정에서 무엇을 배웠는지, 어떻게 성장했는지에 더 큰 관심을 가져야 합니다.

코치이자 동반자인 부모와의 관계에서 성장한 아이는 자기주도적이면서도 협력적인 사람으로 성장합니다. 혼자서도 문제를 해결할 수 있지만 필요할 때는 도움을 요청할 줄도 아는 균형 잡힌 인재가 됩니다. 무엇보다 중요한 것은 아이가 자신의 인생에 대한 주인의식을 갖게 된다는 점입니다. 부모가 정해준 길을 따라가는 것이 아니라 스스로 목표를 설정하고 그것을 향해 나아가는 자기주도적인 삶을 살게 됩니다.

AI시대의 진로교육은 결국 아이 혼자서 빠르게 목표에 도달하게 하는 것이 아니라 부모와 아이가 함께 인생이라는 긴 여정을 걸어가며 서로 성장하는 것입니다. 이런 동행을 통해 아이는 AI시대의 변화 아니 그 이상의 변화가 닥쳐도 두려워하지 않는 단단한 내면을 기반으로 시대에 잘 대응해 나갈 수 있을 것입니다.

우리 아이의 진로가 걱정인 부모를 위한 Q&A

Q1 AI가 많은 직업을 대체한다는데 우리 아이는 어떤 직업을 가져야 할까요?

A 사실 특정 직업을 정해두고 준비하는 것보다 더 중요한 것이 있습니다. AI는 직업 전체를 대체하기보다는 직무를 구성하는 과업 단위를 대체합니다. 예를 들어 교사, 의사, 소방관 같은 직업 전체가 사라지는 경우는 드물지만, 그 안에서 반복적이고 단순한 업무들은 AI가 처리하게 됩니다.

따라서 '어떤 직업이 AI로 대체될까?'보다는 '우리 아이가 AI로 대체되지 않는 역량을 갖추고 있는가?'를 먼저 생각해봐야 합니다. 데이터 분석, 패턴 인식, 반복 업무는 AI에게 맡기고 인간만이 할 수 있는 공감,

창의력, 도덕적 판단, 복합적 사고, 관계 형성 같은 능력을 키워주는 것
이 중요할 것입니다.

책에서도 언급했지만 직업 단위보다는 업무 단위로, 그리고 그 일을 수
행할 수 있는 실질적인 능력이 중요하다는 것을 염두에 두어야 합니다.

Q2 **좋은 대학만 가면 안정적인 직장을 가질 수 있지 않나요?**

A　안타깝게도 그 공식은 빠르게 무너지고 있습니다. 이제 기업들
이 중요하게 보는 것은 '어떤 학교를 나왔는가?'가 아니라 '무엇을 할 수
있는가?'입니다. 과거보다는 현재의 능력을 더욱 중시하고 있다는 것
을 의미하는 것이죠. 구글의 전 인사 책임자는 "성공적인 직무 수행을
예측하는 데 있어 학위는 유의미하지 않다"고 명확히 말했습니다.

그렇다고 학교 교육이 무의미하다는 것은 아닙니다. 지금 교과목에는
실질적인 능력을 키울 수 있는 내용이 많이 포함되어 있고, 많은 선생
님들이 단순 암기보다는 사고력과 문제해결력, 창의력을 키울 수 있는
커리큘럼을 준비하고 있습니다. 학교 교육에 충실하게 임하는 것은 중
요합니다.

여기서 한 가지 강조하고 싶은 것은 기업에서는 학벌의 가치가 희석
되고 있는데, 학교 현장에서는 오히려 학벌이 강화되고 있다는 것입니

다. 사교육에 의해서인지 부모의 그릇된 경쟁의식 때문인지는 모르겠지만 결코 지금의 기업 환경과 같은 방향이 아니라는 점을 꼭 기억했으면 하는 바람입니다.

Q3 아이가 유튜버가 되고 싶다는데 어떻게 해야 할까요?

A 먼저 아이의 꿈을 부정하지 않는 것이 중요합니다. 20년 전만 해도 유튜버라는 직업은 존재하지 않았지만, 지금은 초등학생의 장래 희망 상위권에 올라 있습니다. 중요한 것은 직업의 이름이 아니라 그 일을 통해 아이가 무엇을 하고 싶은지, 어떤 가치를 실현하고 싶은지입니다.

"유튜버가 되고 싶다"는 말 속에는 다양한 의미가 담겨 있을 수 있습니다. 콘텐츠를 만들고 싶은 것인지, 사람들과 소통하고 싶은 것인지, 자신의 생각을 표현하고 싶은 것인지 대화를 나누어 보세요. 그리고 그 속에 담긴 의미를 잘 살릴 수 있도록 지원해주세요. 사람들과 소통하고 싶은 것이 목적이라면 그 아이는 유튜버 외에 작가, 강연가, 인플루언서 등으로 나아갈 수 있습니다.

Q4 성적이 좋지 않은데 진로가 걱정됩니다.

A 성적이 중요하지 않은 것은 아닙니다. 그렇다고 성적이 전부는

아닙니다. 책에서 소개된 사례들을 보면 학교 성적이 좋지 않았지만 자신의 강점을 살려 성공한 인물들이 많습니다.

중요한 것은 아이가 무엇을 좋아하고 무엇을 잘하는지 발견하는 것입니다. 학교 공부에서는 드러나지 않지만 다른 영역에서 뛰어난 재능을 가진 아이들이 많습니다. 손재주가 좋거나, 사람들과 소통을 잘하거나, 문제해결을 창의적으로 하거나, 예술적 감각이 뛰어나거나 하는 등 다양한 강점이 있을 수 있습니다. 아이의 강점을 발견하고 그것을 키울 수 있는 환경을 만들어주세요.

그렇다고 성적이 안 나오는 아이에게 적성만 찾아주는 것이 최고의 방안은 아닐 것입니다. 성적과 자신이 좋아하는 것 두 가지를 균형있게 성취할 수 있도록 지도해주는 것이 필요합니다. 성적이 좋은 것은 AI 시대에도 유의미합니다. 하지만 과거처럼 그 파워가 강하지 않다는 것 또한 사실입니다. 성적이 안 나오는 이유(무관심, 노력하지 않음, 동기부여 되지 않음)는 다양합니다. 아이가 성적이 안 나온다면 성적이 안 나오는 이유를 우선 제거하고 아이가 관심 있어 하는 분야를 찾아주는 두 가지 방향의 지도가 필요합니다.

Q5 좋아하는 것과 잘하는 것이 다른데 어느 쪽을 선택해야 할까요?

A 이상적인 것은 좋아하는 것과 잘하는 것이 일치하는 것이지만,

현실에서는 그렇지 않은 경우가 많습니다. 하지만 걱정하지 마세요. 둘 중 어느 쪽에서 출발하든 다른 영역으로 확장해 나갈 수 있습니다.

좋아하는 일에서 출발하는 경우 좋아하는 일을 잘할 수 있게 만드는 것이 필요합니다. 아이들이 좋아하는 일을 할 때는 도파민이 분비되어 학습효과가 높아집니다. 좋아하는 일을 계속하다 보면 자연스럽게 실력도 늘어납니다. 좋아하는 일을 잘할 수 있도록 지원해주고 시간을 가지고 기다리는 것이 필요합니다.

잘하는 일에서 출발하는 경우에는 잘하는 일을 좋아하게 만드는 것이 그 방향입니다. 이를 위해서는 구체적인 칭찬과 인정을 통해 아이가 자신이 잘하는 것에 의미를 부여하도록 도와주는 것이 중요합니다. 또한 잘하는 것을 다양한 영역으로 확장하고, 사회적 가치와 연결해주면 아이는 점차 그 일을 좋아하게 될 것입니다.

Q6 **진로를 정하기에 아이가 너무 어린 것 같은데 언제부터 시작해야 하나요?**

A　진로교육은 특정 직업을 정하는 것이 아니라 자기 이해와 세상에 대한 이해를 넓혀가는 과정입니다. 따라서 너무 이르다는 것은 없습니다. 오히려 어릴 때부터 시작하는 것이 좋습니다.

진로교육의 출발점은 '나는 누구인가'와 '세상에는 어떤 일이 있는가'를 탐색하는 것입니다. 아이가 어떤 활동을 할 때 즐거워하는지, 무엇을 잘하는지 관찰하고 피드백을 주세요. "넌 친구들 얘기를 잘 들어주는구나", "넌 손재주가 참 좋네", "새로운 아이디어를 잘 내는구나" 같은 구체적인 피드백이 아이의 자기 이해를 돕습니다. 또한 다양한 직업과 일의 세계를 경험할 기회를 제공하세요. 박물관, 과학관, 공장, 농장 등을 방문하거나, 다양한 분야의 사람들을 만나거나, 체험 프로그램에 참여하는 것도 좋습니다.

Q7 아이가 자꾸 관심 분야를 바꾸는데 한 가지에 집중하게 해야 하나요?

A 아니요, 오히려 다양한 관심사는 AI와 함께하는 미래 사회에서 큰 강점이 될 수 있습니다. 지금은 π(파이)형 인재, 즉 2개 이상의 전문 분야를 갖춘 융합형 인재가 각광받는 시대입니다.

실제로 각광받는 직업들을 보면 여러 분야가 결합된 경우가 많습니다. UX 디자이너는 디자인＋심리학＋데이터 분석, 바이오 인포매틱스 전문가는 생물학＋컴퓨터 과학＋통계학, 디지털 마케터는 마케팅＋IT＋데이터 분석＋소비자 심리학이 결합된 분야입니다.

다만 산만하게 이것저것 건드리기만 하는 것과 깊이 있게 탐색하는 것은 다릅니다. 아이가 새로운 관심사를 보일 때는 일정 기간(최소 2~3개월) 동안 그 분야를 들여다볼 수 있도록 시간을 주는 것이 필요합니다.

Q8 **실패를 두려워하는 아이는 어떻게 도와줘야 하나요?**

A 실패에 대한 두려움은 많은 아이들이 겪는 문제입니다. 특히 우리나라에서는 실패를 용납하지 않는 분위기가 강해 아이들이 더 위축되곤 합니다. 하지만 회복탄력성은 미래 사회의 필수 능력이며, 이는 실패 경험을 통해서 길러집니다.

과정을 칭찬하는 것이 중요합니다. "너는 똑똑해"보다 "끝까지 포기하지 않았구나", "새로운 방법을 시도해봤네"처럼 노력과 과정을 인정하세요. 실패를 학습기회로 재정의하는 것도 중요합니다. "이번에 뭘 배웠어?", "다음에는 어떻게 하면 더 좋을까?"와 같은 질문을 던져보세요. 부모 자신의 실패 경험을 공유해 보세요. "아빠 엄마도 이런 실수를 했는데, 그때 이렇게 극복했어"라는 이야기를 나누세요. 그러면 아이들은 훨씬 공감하고 이를 잘 극복할 수 있을 것입니다.

Q9 **저도 AI시대가 낯설고 불안한데 어떻게 아이를 지도해야 할까요?**

A 부모님의 솔직한 고민입니다. 하지만 걱정하지 마세요. AI시대의 부모 역할은 '모든 것을 아는 전문가'가 아니라 '함께 배우는 동반자'

가 될 것입니다. 가르치는 부모에서 함께 배우는 부모로 생각을 바꾸는 것이 중요합니다. 즉 정답을 주는 부모가 아닌 질문을 던지고 함께 고민해주는 역할이 AI시대와 같이 급변하는 시대에 필요한 부모의 역할일 것입니다.

Q10 AI가 너무 빠르게 발전하는데 우리 아이가 배운 내용이 금세 쓸모없어질까 걱정돼요.

A 아주 중요한 질문입니다. 실제로 지금의 초등학생이 성인이 될 무렵에는 지금 존재하지 않는 직업이 생기고, 현재 인기 있는 기술은 사라질 수도 있습니다. 그렇기 때문에 '지식'보다 '배움의 능력'을 길러주는 것이 중요합니다. 아이에게 모르는 걸 두려워하지 않고 스스로 배우는 법을 가르쳐주세요. 예를 들어 새로운 앱을 스스로 찾아보게 하거나, 궁금한 걸 검색하고 요약해보도록 하는 것도 훌륭한 학습입니다. 변화에 적응하는 힘은 지속적 학습력에서 나오며, 이것이 AI시대의 진짜 경쟁력입니다.

Q11 AI가 그림도 그리고 음악도 만든다는데 예술을 전공해도 괜찮을까요?

A 물론입니다. 오히려 예술 분야는 AI와 함께 새로운 가능성이 열리고 있습니다. AI는 이미지를 그리거나 음악을 작곡할 수는 있지

만, 감정과 의미를 담는 것은 여전히 인간의 영역입니다. 앞으로는 예술가가 단순히 그림을 그리거나 악보를 쓰는 역할보다 AI를 활용해 새로운 형태의 예술을 창조하는 크리에이티브 디렉터가 주목받게 될 것입니다.

아이에게 예술적 재능이 있다면 AI를 도구로 활용해 자신의 감정을 더 풍부하게 표현할 수 있도록 도와주세요. 예술과 기술의 만남이야말로 미래의 핵심경쟁력이 될 것입니다.

Q12 **AI가 다 해주는 세상에서 공부를 왜 해야 하나요?**

A 아이들이 할 수 있는 질문입니다. "AI가 다 알려주는데, 왜 공부해야 해요?"라는 말이 어른들에게는 철없는 말처럼 들리지만, 사실 아주 본질적인 질문입니다.

AI가 아무리 많은 정보를 알려줘도 무엇이 옳고, 왜 그런지 판단하는 힘은 여전히 인간의 몫입니다. 공부는 단순히 지식을 쌓는 것이 아니라 생각하는 방법을 배우는 과정입니다. AI가 정답을 줄 수는 있지만 질문을 던질 수 있는 힘은 공부를 통해 길러집니다. AI시대일수록 사고력이 공부의 진짜 목적이 될 것입니다.

Q13 AI가 사람보다 더 똑똑해지면 인간은 무엇을 해야 하나요?

A AI는 인간보다 계산과 분석은 빠르지만 가치 판단, 공감, 창의성에서는 여전히 인간이 우위에 있습니다. 앞으로는 단순히 '지식이 많은 사람'보다 AI를 잘 활용해서 새로운 가치를 만드는 사람이 주목받게 됩니다. 예를 들어 의사는 AI의 진단 데이터를 기반으로 더 인간적인 상담과 치료 계획을 세우고, 선생님은 AI가 제시한 학습데이터를 바탕으로 학생의 감정과 동기를 이해하며 수업을 설계합니다.

아이에게 "AI는 네 경쟁자가 아니라 네 도우미야. 함께 일할 수 있는 방법을 배우면 돼"라고 이야기해주세요. 인간만이 할 수 있는 따뜻한 판단력을 길러주는 것이 핵심입니다.

Q14 진로교육에서 부모가 하면 안 되는 것은 무엇인가요?

A 가장 큰 실수는 내 기준으로 아이의 미래를 정해주는 것입니다. 부모세대의 성공 방정식은 이미 많이 바뀌었습니다. 지금은 안정적인 직장보다 지속적으로 성장할 수 있는 일, 높은 연봉보다 자신이 의미를 느끼는 일이 중요합니다. 부모의 불안이 아이의 가능성을 막지 않도록, 내가 원하는 길이 아니라 아이의 길을 지켜봐주는 용기가 필요합니다. 진로의 정답은 부모가 아니라 아이가 찾아가는 여정 속에 있습니다. 우리가 해야 할 일은 그 길이 너무 외롭지 않도록 곁에서 함께 걸어주는 것입니다.

A 진로를 바꾸는 것은 실패가 아니라 성장의 과정입니다. 오히려 요즘 시대에는 한 직업에 평생 머무는 것이 더 드문 일이 되고 있습니다. 통계에 따르면 현재 청년들은 평생 평균 5~7번의 직업 전환을 경험할 것으로 예측됩니다. 미국의 경우 밀레니얼세대는 평균 12번 이상 직장을 바꾼다는 연구도 있습니다. 즉 진로를 바꾸는 것은 예외가 아니라 정상입니다.

또한 한 분야에서 쌓은 경험이 다른 분야에서도 충분히 활용될 수 있습니다. 음악을 했던 사람이 마케팅으로, 공학을 전공한 사람이 교육으로, 운동선수가 창업가로 전환하는 사례는 얼마든지 있습니다. 이런 다양한 경험들이 모여 독특한 강점이 됩니다.

따라서 아이가 진로를 바꾸고 싶어 한다면 왜 바꾸고 싶은지, 새로운 방향에서 무엇을 기대하는지 대화해보세요. 충동적인 결정이 아니라 진지한 고민의 결과라면, 그것은 시간 낭비가 아니라 자신을 더 잘 알아가는 소중한 과정입니다. 변화를 두려워하지 말고 유연하게 대처하는 능력 자체가 AI시대의 핵심역량이라는 것을 기억하세요.

AI시대
유망 업무 가이드

앞에서도 계속적으로 강조했듯이 미래는 고정된 직업보다 유동적인 일 중심으로 재편됩니다. 따라서 '어떤 직업이 유망한가?'보다 '어떤 능력과 가치를 중심으로 다양한 일을 해낼 수 있는가?'가 더 중요합니다. 부록 2에서는 유망한 업무 중심으로 해당 업무에서 필요로 하는 능력과 미래 직업의 핵심기준에 대해 정리해봤습니다.

미래 일자리 변화의 핵심트렌드

직무 자체보다 과업 단위로 대체

AI는 직업 전체를 대체하지 않고 직무 내 특정 과업을 대체합니다. 예를 들어 의사라는 직업은 유지되지만 진단이나 처방 등 일부 과업은 AI가 담당하게 되는 것이죠. 따라서 'AI로 대체되기 어려운 과업이 많은 분야'에 주목해야 합니다.

하이브리드·융합형 직업의 급증

2개 이상의 전문 분야가 결합된 π(파이)형, 빗(Comb)형 인재 수요가 증가하고 있습니다. UX디자이너는 디자인과 심리학, 데이터 분석을 결합하고, 바이오 인포매틱스 전문가는 생물학과 IT, 통계학을 융합합니다. 한 가지만 잘해서는 경쟁력을 갖추기 어려운 시대가 되고 있는 것입니다.

스킬 기반 채용의 보편화

구글, IBM, 애플 등 글로벌 기업들도 무학위 채용을 확대하고 있습니다. '어떤 학교를 나왔는가'보다 '무엇을 할 수 있는가'가 더욱 중요해지고 있다는 의미입니다. 학위 대신에 스킬을 중심으로 한 채용이 점점 확대되고 있습니다.

분야별 미래 유망 영역

1영역 AI와 협업하는 전문 업무

정밀의료 전문가 : 의사의 전문성에 AI 진단 시스템과 빅데이터 활용 능력을 더한 분야입니다. 유전자 맞춤 치료, 예방의학 분야가 빠르게 성장하고 있습니다. AI가 방대한 의료 데이터를 분석하면 의사는 이를 바탕으로 환자에게 최적의 치료법을 제시하게 됩니다.

AI 윤리·거버넌스 전문가 : AI 시스템의 편향을 검증하고 윤리적 사용 가이드라인을 수립하는 일을 합니다. 법률과 기술, 윤리학이 융합된 지식이 필요한 분야입니다. AI가 발전할수록 이를 올바르게 사용하도록 감시하고 관리하는 사람의 역할이 더욱 중요해질 것입니다.

2영역 창의성·인간 고유 영역

콘텐츠 크리에이터 또는 스토리텔러 : 유튜버, 웹툰 작가, 팟캐스터 등이 여기에 속합니다. 이 분야에서 중요한 것은 콘텐츠 기획력, 창의력, 디지털 도구 활용 능력입니다.

경험 디자이너(UX/CX) : 고객의 경험을 설계하고 서비스를 디자인하는 일을 합니다. 디자인과 심리학, 데이터 분석이 융합된 분야라고 할 수 있습니다.

문화기획자·큐레이터 : 예술과 기술을 융합해 전시를 기획하거나 메타버스 문화 공간을 설계하는 일을 합니다. 인문학적 소양과 디지털 기술이 결합되어야 하는 분야입니다. 단순히 예술 작품을 전시하는 것이 아니라 관람객에게 새로운 경험을 선사하는 것이 이들의 역할입니다.

3영역 소통·관계·조정 중심 업무

갈등 조정 전문가·중재자 : 조직 내 갈등을 관리하고 다문화 커뮤니케이션을 담당합니다. AI가 대체할 수 없는 공감 능력, 설득력, 협상 능력이 핵심입니다. 복잡한 인간관계 속에서 서로 다른 입장을 이해하고 조율하는 일은 오직 사람만이 할 수 있습니다.

커뮤니티 매니저·관계 설계자 : 온라인과 오프라인 커뮤니티를 운영하고 팬을 관리하는 일을 합니다. 브랜드와 고객을 연결하고 충성도를 구축하는 역할이죠. 단순히 게시물을 올리는 것이 아니라 사람들이 소속감을 느끼고 서로 교류하는 공간을 만드는 것이 중요합니다.

노인·아동 돌봄 전문가 : 고령화 사회와 맞벌이 증가로 수요가 급증하는 분야입니다. 정서적 교감이 핵심이기 때문에 AI가 대체하기 어려운 영역입니다. 단순히 신체적 돌봄을 넘어 정서적 안정과 교감을 제공하는 것이 이 일의 본질입니다.

4영역 지속가능성 및 사회문제 해결 업무

환경·기후 솔루션 전문가 : 탄소 배출을 관리하고 재생에너지를 컨설팅하는 일을 합니다. ESG 전문가, 지속가능 경영 기획자도 여기에 속합니다. 기후위기가 심각해지면서 이 분야의 중요성은 계속해서 확대되고 있습니다.

사회혁신가·소셜벤처 창업가 : 기술로 사회문제를 해결하는 의미 중심의 진로입니다. 단순히 돈을 버는 것이 아니라 세상을 더 나은 곳으로 만들면서 수익도 창출하는 것이 목표입니다.

공정무역 및 윤리적 소비 기획자 : MZ세대의 가치소비 트렌드를 반영한 분야입니다. 공급망의 투명성을 확보하고 사회적 가치를 창출하는 일을 합니다. 요즘 젊은 세대는 '무엇을 사는가' 뿐만 아니라 '어떻게 만들어졌는가'도 중요하게 생각합니다.

5영역 플랫폼 활용 업무 및 독립적 업무

솔로프리너(1인 기업가) : 조시 모러라는 개발자는 혼자서 Wave AI 앱을 개발해 연매출 40억 원을 달성했습니다. AI 도구를 활용하면 혼자서도 제품을 개발할 수 있는 시대가 된 것입니다. 더 이상 큰 조직이 없어도 혼자서 충분히 성공할 수 있습니다.

프리랜서 전문가 : IT개발, 디자인, 번역, 마케팅 등 다양한 분야에서 프리랜서로 활동할 수 있습니다. 업워크, 파이버 같은 글로벌 플랫폼을 활용하면 전 세계를 상대로 일할 수 있는 것이죠. 2027년에는 미국의 노동자 절반 이상이 프리랜서로 일할 것으로 전망되기도 했습니다.

6영역 데이터 및 AI 활용 전문 업무

데이터 사이언티스트 : 통계학, 컴퓨터 과학, 도메인 지식이 융합된 분야입니다. 모든 산업 분야에서 수요가 증가하고 있습니다. 데이터를 분석해 의미 있는 인사이트를 도출하고, 이를 바탕으로 비즈니스 의사결정을 돕는 역할을 합니다.

AI 프롬프트 엔지니어 : AI와 효과적으로 소통하는 전문가입니다. 자연어 처리에 대한 이해와 도메인 전문성이 필요합니다. AI에게 정확한 지시를 내려 원하는 결과를 얻어내는 능력이 점점 더 중요해지고 있습니다.

로보틱스 엔지니어 : 로봇을 설계하고, 제어하고, 유지 보수하는 일을 합니다. 제조업, 물류, 의료, 농업 등 전 분야에서 로봇이 활용되고 있습니다. 로봇이 보편화될수록 이를 다룰 수 있는 전문가의 수요도 함께 늘어날 것입니다.

직업 선택 시 주목할 핵심기준

AI 대체 가능성이 낮은 과업이 많은가

창의성, 공감, 복잡한 의사결정, 윤리적 판단이 필요한 영역이 여기에 속합니다. 심리상담사, 예술가, 전략기획자 같은 직업이 좋은 예입니다. AI가 아무리 발전해도 사람의 마음을 이해하고 위로하는 일, 전혀 새로운 것을 창조하는 일은 여전히 사람이 더 잘할 수 있습니다.

다양한 경로로 확장 가능한가

경력 격자 구조를 생각해보세요. 한 분야에서 다른 분야로 이동하기 쉬운가? 하나의 경력이 다양한 방향으로 뻗어나갈 수 있는가? 막다른 골목이 아닌 여러 갈래의 길이 있는 직업을 선택하는 것이 유리합니다.

딜로이트 조사에 따르면 Z세대의 86%가 "일에서 목적 의식을 갖는 것이 직장 만족도와 웰빙에 매우 중요하다"고 답했습니다. 단순히 돈을 많이 버는 직업이 아니라 의미를 찾을 수 있는 일을 선택하는 것이 중요합니다. 아이가 그 일을 통해 어떤 가치를 실현하고 싶은지, 세상에 어떤 기여를 하고 싶은지 함께 고민하는 과정이 필요합니다.

“탈출구 없는 경쟁에서 벗어나는 방법은
‘자기다움’을 찾는 것이다.
누구도 당신보다 더 당신다울 수는 없기 때문이다.”

나발 라비칸트(Naval Ravikant), 《나발 라비칸트의 부와 행복의 원칙》 저자,
엔젤리스트(AngelList) 창업자이자 CEO